FRANÇAIS

ON DE 1857

L'ART FRANÇAIS

AU

SALON DE 1857

PARIS.—IMPRIMÉ CHEZ BONAVENTURE ET DUCESSOIS,
55, QUAI DES AUGUSTINS.

L'ART FRANÇAIS

AU

SALON DE 1857

PEINTURE—SCULPTURE—ARCHITECTURE

PAR

CHARLES PERRIER

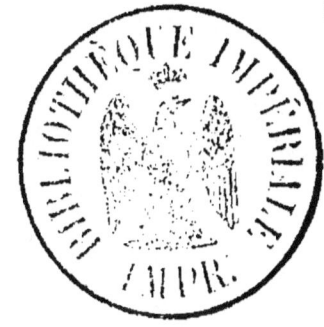

Ἐκ σοῦ πάντα, ἐν σοὶ πάντα,
Εἰς σὲ πάντα, ὦ φύσις.
(Marc-Aurèle.)

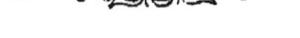

PARIS

MICHEL LÉVY FRÈRES, LIB.-ÉDITEURS

RUE VIVIENNE, 2, BIS.

—

1857

A MESSIEURS

THÉOPHILE GAUTIER

ET

ARSÈNE HOUSSAYE

PRÉFACE.

Au commencement du siècle, la plupart des peintres qui ont le plus contribué par leurs œuvres au développement et à la gloire de l'école française actuelle étaient déjà nés. Quelques-uns, tels que Gros, Prudhon, Géricault, Sigalon, tous les initiateurs, tous ceux qui ont protesté le plus énergiquement par leurs tendances contre la tyrannie de l'école de David, sont morts avec le temps. D'autres, plus fortunés, ont trouvé à l'Exposition de 1855 la consécration et le couronnement de toute une vie de lutte et de travaux. Ingres, Delacroix, Decamps, Delaroche, Ary Scheffer, etc., sont aujourd'hui parvenus au plus haut point de leur célébrité. Pour eux comme pour Cornélius, Owerbeck, Schnorr, Veit, Kaulbach, en Allemagne ; Landseer, Mulready, Leslie, etc., en Angleterre, la postérité a déjà commencé.

Entre l'Exposition universelle de 1855 et le Salon de 1857, il y a toute la distance qui sépare une génération morte d'une génération nouvelle. Dans les arts comme dans les lettres, la période qui s'est écoulée entre 1820 et 1855 a été féconde et glorieuse. A l'époque où César triomphant couvrait le continent de nos armées victorieuses, David, tout-puissant alors, aujourd'hui méprisé, étendait la même domination sur l'Europe asservie. David mort, l'anarchie surgit dans le camp, la réaction commence. Des groupes désunis, se forment peu à peu les écoles rivales qui ont combattu sous nos yeux jusqu'aujourd'hui, et que nul chef, depuis lors, n'a eu la force de rassembler sous le même drapeau. Tandis qu'en France l'école dite *romantique* faisait chaque jour de nouveaux progrès, les écoles allemande et anglaise s'affranchissaient à leur tour d'une servitude devenue odieuse, et marchaient chacune dans leur voie, animées de tendances diverses. Toutefois, en laissant échapper le sceptre, la France sut garder le premier rang.

C'est ce rang qu'il s'agit de conserver, aujourd'hui que les œuvres des maîtres de la première moitié du siècle ont fait leur temps, et que l'école romantique n'appartient déjà plus qu'à l'histoire. C'est aujourd'hui surtout que la critique doit se donner pour mission de distinguer dans cette foule de talents nouveaux qui surgissent de toutes parts ceux qui demain seront les chefs et donneront le mot d'ordre à tous les autres. Encourager les uns en les désignant à l'attention du public, montrer à ceux qui hésitent la voie qu'ils doivent suivre, avertir ceux qu'entraîne l'appât de triomphes trop faciles, telle est la tâche que, selon la mesure de nos forces, nous devons nous efforcer de remplir.

Chargé de rendre compte dans une feuille spécialement consacrée à l'art de cette grande et solennelle exhibition de 1855, dont la trace est encore vivante après deux ans, nous avions négligé à dessein de nous appesantir sur les œuvres même remarquables des artistes entièrement nouveaux. Il nous semblait que nous devions la considérer bien plus comme un coup d'œil rétrospectif jeté sur le passé que comme le commencement d'une ère nouvelle. Au contraire, c'est l'avenir seul que nous allons interroger désormais, et cet avenir est dès aujourd'hui plein de promesses. Le recensement une fois fait, la liste des initiateurs est close; tous ou presque tous nous ont dit leur dernier mot. Nous savons ce que nous étions hier, sachons ce que nous serons demain.

I

LA PEINTURE D'HISTOIRE.

MM. BOUGUÉREAU ET BAUDRY.

Ne disons pas trop de mal de l'école de Rome : le moment serait mal choisi, car jamais elle n'a été dans une meilleure voie. C'est à elle que nous devons deux des plus francs et des plus éclatants succès du Salon actuel. Depuis quelques années, on avait beau jeu à critiquer la peinture de style, car, à part le tableau de M. Benouville, du Salon de 1853, représentant la *Mort de saint François d'Assise,* tous les essais du même genre qui nous venaient de Rome s'élevaient rarement au-dessus du médiocre. Les œuvres que M. Bouguereau et que M. Baudry exposent cette année vont imposer silence à tous les railleurs.

Le nom de M. Bouguereau n'est pas tout à fait inconnu au public. Ce jeune peintre, dont l'avenir ne laisse plus aujourd'hui aucun doute, avait envoyé à Paris, en 1853, plusieurs tableaux d'un mérite réel, qui furent remarqués et qui l'auraient été davantage sans cette formidable concurrence et ce voisinage écrasant, qui ne sont plus à craindre dans un modeste Salon annuel. Le *Triomphe du martyr*, et l'*Amour fraternel*, étaient d'excellents envois de cinquième année, auxquels la critique et la partie intelligente du public ont fait le plus favorable accueil. M. Bouguereau, encouragé par ce premier succès, réalise aujourd'hui toutes les espérances qu'il avait fait concevoir.

Ses trois tableaux allégoriques peints à la cire, et destinés, nous dit-on, à la décoration de l'hôtel de M. Bartholony, sont, à notre avis, ce qu'il a fait de mieux jusqu'ici, et de plus complet. Tous trois sont des réminiscences on ne peut plus heureuses de ces admirables peintures romaines dont les précieux débris retrouvés à Herculanum et à Pompéi ne peuvent encore nous donner qu'une idée assez incomplète. Bien que nous ne soyons nullement partisan de l'imitation, en quelque genre qu'elle se produise, nous devons, sous peine d'être trop exclusif, faire quelques réserves en faveur de l'imitation large et intelligente qui s'inspire des modèles en les transformant. Si tout, du temps même de La Bruyère, avait déjà été dit, on peut affirmer aussi que tout ou presque tout a été fait. Copier sans servilité, s'approprier les idées ou les choses qui sont depuis longues années dans le domaine public, en leur imprimant un cachet d'individualité, ce n'est point, quoi qu'on dise, faire œuvre de plagiaire. Renouveler, c'est encore créer.

Ces trois tableaux ont pour sujet l'*Amour*, l'*Amitié* et la *Fortune*. Chacun d'eux se compose de deux personnages allégoriques s'envolant légèrement côte à côte, appuyés sur une draperie aérienne qui se découpe hardiment sur un fond noir. Ces figures, ainsi isolées, ont l'immense avantage de concentrer sur elles seules toute l'attention du spectateur. D'un tel effet résulterait pour un peintre médiocre un échec inévitable, mais pour un artiste de la force de M. Bouguereau, cette tentative hasardeuse devait être couronnée d'un plein succès. Dans un sujet dépouillé de tout accessoire, les défauts ou les qualités sont tellement en saillie, que tout est bon ou tout est mauvais, il n'y a pas de milieu. Le jugement est instantané, et, si rigoureux qu'il puisse être, il n'y a rien qui vienne l'atténuer.

L'*Amitié* nous montre deux femmes, dont l'une épanche ses douleurs dans le sein de son amie. Celle-ci l'enveloppe de ses bras et s'efforce de la consoler. Elles sont revêtues de longues tuniques flottantes, d'une grande légèreté, et dont les plis multipliés rappellent les voiles dont Phidias couvrait à peine les formes idéales de tant de déesses qui lui doivent une partie de leur immortalité.

L'*Amour* est personnifié par une jeune fille qui effeuille d'une main distraite une marguerite, oracle complaisant dont la réponse est toujours favorable aux premières amours. Sa tête, gracieusement inclinée sur l'épaule de son amant, est pleine de ce charme mélancolique qui commande la sympathie. Nous ne savons si les promesses de la marguerite seront trompeuses, mais l'amant nous semble plus distrait que la circonstance ne semble l'exiger. Nous lui en voulons un peu de sa sérénité olympienne, et de la complaisance avec laquelle il étale ses formes, dignes d'un jeune dieu qui s'est fourvoyé sur la terre, et qui remonte vers les cieux.

Quant à la *Fortune,* nous avons rarement vu un tableau d'une composition et d'une exécution à la fois aussi simples et aussi grandioses. Ses voiles, descendus jusqu'à la ceinture, découvrent une poitrine et un torse d'une beauté éblouissante. C'est la beauté antique dans toute sa splendeur, mais rajeunie et vivifiée. C'est la Vénus de Milo avec plus de jeunesse et le prestige de la couleur. On éprouve un bien-être indéfinissable et un plaisir entièrement chaste et désintéressé à caresser de l'œil ces contours purs et harmonieux et ces formes célestes, où la lumière se joue avec des reflets nacrés. La Fortune est femme, et si le bandeau symbolique dont ses yeux sont couverts nous dérobe son regard enchanteur, on voit du moins errer sur ses lèvres ce sourire charmant et perfide qui n'appartient qu'à la femme. Son pied se pose à peine sur cette roue dorée, emblème éternel de sa mobilité, et d'un geste de ses beaux bras elle verse sur la tête de sa favorite d'un jour les trésors de sa corne d'abondance. Cette femme qui l'accompagne, et qui a comme elle un pied sur la roue, accepte peut-être avec une indifférence trop philosophique ce bonheur passager qu'on rencontre parfois, mais que les plus habiles n'ont jamais pu retenir. Toutefois, nous comprenons parfaitement que l'expression tant soit peu accentuée de la joie ou de la cupidité eût pu déranger la beauté plastique de la composition, et nous nous garderons bien d'insister sur une objection sans portée dans une œuvre qui ne peut et ne doit valoir que par la splendeur de la forme.

La *Danse* est un sujet plus compliqué, et sans doute pour cette raison moins heureux que les précédents. Deux femmes s'élancent dans l'espace aux sons d'un tambour de basque qu'une troisième femme, assise à leurs pieds sur un nuage transparent, fait retentir de ses doigts agiles.—Quatre petits chérubins frais et roses figurent les *Quatre Heures du jour :* la Nuit porte au front son disque argenté, le Jour a la tête ceinte de rayons lumineux, l'Aurore porte une guirlande de roses sur ses cheveux d'un blond cendré, et le triste Crépuscule n'a pour parure qu'une couronne de liserons violets.—Plus loin, nous trouvons *Arion sur un cheval marin* et une *Bacchante sur une panthère*, peintures à la cire comme celles dont nous avons parlé, mais sur fond d'or, ce qui, du reste, pour l'effet ne constitue pas une différence notoire.

1.

Ces sujets, fort habilement conçus et exécutés, prouvent que l'allégorie, traitée d'une façon sobre et sérieuse, peut encore aujourd'hui rentrer dans le domaine de la peinture d'histoire. En y introduisant un élément inconnu au xviiie siècle, le style, M. Bouguereau a ressuscité pour quelque temps à son profit un genre qui semblait mort et que l'ennui avait provisoirement enseveli. A ne consulter que nos propres convictions, nous préférerions assurément de beaucoup l'art qui trouve sa vie dans l'élément moderne, dans nos habitudes, nos mœurs et nos croyances ; mais on ne peut demander à un homme, qui est à peine de retour de la ville éternelle, de redescendre sur terre et de chercher ses inspirations dans la vie réelle.

Cette tentative, M. Bouguereau l'a pourtant faite ; et, tout en lui en sachant gré, nous sommes forcé d'avouer qu'elle a complétement échoué. On se figure volontiers à l'école de Rome qu'il suffit de connaître à fond la renaissance et l'antique pour pouvoir faire d'emblée de la peinture moderne : c'est une grande erreur. Le réel et le contemporain exigent des études tout aussi sérieuses et approfondies que l'idéal et l'antique, outre des facultés spéciales qui ne s'acquièrent que difficilement et qu'on ne supplée pas par d'autres. Les *Inondés de Tarascon* ne nous semblent pas suffisamment étudiés. C'est un mauvais tableau composé d'une foule de détails excellents qui, pris à part et détachés du sujet principal, feraient de jolis petits tableaux de genre. Cette couleur

terne et effacée peut convenir aux peintures allégoriques
de M. Bouguereau, comme aux charmants enfantillages
de M. Hamon et aux rêves que M. Corot fait et nous fait
faire tout éveillé qu'il est et que nous sommes. Mais
dans la peinture qui s'efforce de représenter un fait sensible et contemporain, une couleur vivante et animée
est de rigueur. Ce n'est pas le seul défaut de cette œuvre
malencontreuse. La composition est pénible, heurtée,
désagréable à l'œil. On sent que le peintre n'est pas à
son aise au milieu des costumes et des habitudes modernes. Il s'est égaré dans le monde habitable, comme
cela arrive d'ordinaire aux poëtes dès qu'ils quittent les
régions bleues. Nous admirons trop vivement le talent
de M. Bouguereau pour ne pas lui conseiller en toute
sincérité de laisser désormais à d'autres les succès équivoques de la peinture officielle.

M. Paul Baudry, qui expose cette année pour la première fois, passe parmi ses condisciples pour le plus
fort des jeunes lauréats de l'école de Rome. Aussi est-il
déjà connu de ceux qui vont voir aux Beaux-Arts les
envois des pensionnaires académiques. C'est là qu'on a
pu contempler pour la première fois ce fameux *Supplice
de la Vestale*, qui a excité plus d'étonnement que
d'admiration. J'imagine que l'intention de M. Baudry,
en le soumettant de nouveau aux regards du public, a
été simplement de nous rappeler qui il est, car son succès est tout entier ailleurs. Assurément, à ne considérer
que les prétendues toiles historiques qui assiégent régu-

lièrement les portes de nos expositions annuelles, c'est là une œuvre de premier choix ; mais M. Baudry mérite bien d'être jugé à un tout autre point de vue. Aussi n'hésitons-nous pas à lui dire qu'il a dépensé en pure perte beaucoup plus de temps et de talent qu'il ne lui en aurait fallu pour faire dix tableaux aussi complets et peut-être aussi parfaits que *la Fortune et le Jeune Enfant*. Mais pour les concours de ce genre, une grande page historique est de rigueur, nous le savons aussi bien que M. Baudry, et nous ne le chicanerons pas davantage sur ce point. Cependant, tout en admettant ce sujet qui, par sa nature et par la manière dont il est conçu, est si proche parent de tous les martyrs des deux sexes qui nous arrivent chaque jour de Rome, nous nous réservons d'en critiquer les détails.

M. Baudry est tombé, selon nous, dans l'erreur de la plupart des jeunes gens qui, ayant beaucoup appris en peu de temps, s'empressent d'étaler à tout propos une érudition de fraîche date. Ce défaut, qui n'est souvent qu'une affectation puérile, dégénérerait bientôt en vice insupportable, s'il se perpétuait hors des murs de l'école. On l'excuse volontiers de la part de l'élève, qui doit avant tout plaire à des maîtres savants ; mais dès qu'il vole de ses propres ailes, le public, qui ne veut pas être savant, ne s'en accommode pas aussi facilement. Si Chenavard, ce compilateur intrépide, avait su se débarrasser à propos de ce bagage historique et philosophique qui a toujours entravé sa marche, nul doute que sa pensée, dégagée des liens qui l'obscurcissent et la paralysent, n'en eût pris un plus libre et plus vigoureux essor.

Cette préoccupation constante de M. Baudry, dans la production de sa première page historique, se trahit jusque dans les indications du catalogue. Il prend soin de nous faire savoir et de nous affirmer, sur la foi de Tite-Live, que la *Vestale* se nomme *Minuccia*; que son supplice fut ordonné sous la dictature de Claudius Rigillensis, et qu'elle fut enterrée près de la porte Colline, à droite du chemin pavé, dans le champ du Crime. Libre à vous de vérifier si le fait est exact. Pour nous, peu nous importe ; mais dans un tableau où nous voyons figurées, avec une exactitude scrupuleuse, toutes les fonctions de la cité romaine, il nous est impossible de nous intéresser vivement au sort de la pauvre Vestale, dont l'amour sacrilége est si cruellement puni. Au milieu de tant de personnages amoncelés autour d'elle sans nécessité, et dans un désordre où l'œil a peine à se reconnaître, il faut une attention soutenue pour distinguer la victime et l'isoler par la pensée de tous les accessoires qui l'environnent. Où la réflexion domine, l'émotion ne se produit guère : elle est instantanée, ou elle n'existe pas. Avec un peu plus de simplicité, il eût été facile à M. Baudry d'être moins obscur et plus émouvant. Sa *Vestale* est, du reste, une étude des plus remarquables. La terreur qui s'est emparée d'elle au moment d'être enterrée vive se peint avec une énergie saisissante sur son visage pâle et hagard. Les chairs, les vêtements, les physionomies des autres personnages, et le petit coin du paysage qu'on entrevoit, sont évidemment d'un praticien consommé. Mais, avec toutes ces qualités, le manque d'unité et une couleur trop sombre font de l'ensemble du tableau une œuvre qui laisse beaucoup à désirer.

Nous aurions beaucoup moins insisté sur ces reproches si M. Baudry n'avait exposé, en même temps que sa *Vestale*, deux autres toiles qui sont les perles du Salon. La foule qui assiége sans relâche *la Fortune et le Jeune Enfant*, et la *Léda*, traitée dans les dimensions d'un tableau de chevalet, montre par son empressement, qu'elle a reconnu en M. Baudry un peintre de premier ordre. Nous essaierons d'autant moins de l'en détourner que nous trouvons là toutes les qualités dont nous avons regretté l'absence dans le *Supplice de la Vestale*.

Ce qui nous frappe dans *la Fortune et le Jeune Enfant*, c'est surtout le choix d'une composition à la fois simple et ingénieuse, joint à un coloris excellent qui rappelle les maîtres du xvi° siècle. Les partisans exclusifs de l'idée n'auront pas lieu d'être bien satisfaits; c'est la fable du bonhomme La Fontaine, traduite et commentée par un tableau de style. Encore ce sujet n'est-il, à proprement parler, qu'un prétexte dont le peintre s'est servi pour nous montrer un corps de femme digne de Vénus Astarté. Assurément ici c'est la forme qui domine, mais il s'en exhale un tel parfum de poésie que les amateurs de subtilités pourront seuls y trouver à redire. La *Fortune* de M. Baudry est aussi belle que celle de M. Bouguereau, sinon plus, et elle a l'inestimable avantage d'être entièrement nue et d'un coloris infiniment supérieur. Elle a aussi un pied posé sur la roue, mais elle a quitté pour un instant le bandeau traditionnel, ce dont personne ne songe à se plaindre. Sa figure s'illumine d'un sourire doux et tranquille, exempt de toute volupté profane, et comparable à l'immortel sourire de Mona Lisa et des madones du divin Léonard. Le téméraire bambin de l'apologue, éveillé à temps sur la margelle du puits, est plein de grâce et de jeunesse. C'est un frère cadet du *Saint-Jean-Baptiste,* du même auteur.

La *Léda,* quoique d'une taille plus modeste, n'a pas moins de charme et de délicatesse. C'est la même poésie forte et pénétrante, la même entente de la forme, de la lumière et du coloris, et tout cela avec des effets différents. Tandis que la *Fortune* étale au grand jour ses contours modelés avec un soin infini, *Léda* s'entoure d'une pénombre harmonieuse qui convient à l'amour heureux, et surtout aux amours qui ont quelque chose à se faire pardonner. Au contraire, la *Fortune* n'avait que faire de ce demi-jour mystérieux et discret : il n'entre pas dans les habitudes de ses élus de se dissimuler aux regards.

D'autres vous diront que la *Fortune* de M. Baudry

rappelle certaines pages de Titien qui seront toujours bonnes à consulter, ce qui est vrai, du reste, mais je les défie de s'en formaliser. Le coloris de *Léda* est aussi une réminiscence des procédés que Corrége affectionne, mais une réminiscence assez éloignée pour s'autoriser et se justifier d'elle-même. Il est toujours permis de s'inspirer des maîtres, pourvu toutefois qu'on y mette une certaine réserve ; et il faut dire, à la louange de M. Baudry, que si ses souvenirs n'ont pas été involontaires, il les a utilisés avec toute la discrétion imaginable.

Son petit *Saint-Jean-Baptiste*, enfermé et accroupi dans un cadre étroit, présentait de grandes difficultés d'agencement qui ont été heureusement surmontées. L'ombre et la lumière répandues sur son visage et sur ses épaules y jouent aussi un rôle très-habile et très-important. Quant au portrait de M. Beulé, nous en parlerons plus tard dans un chapitre spécial.

De nos observations sur le *Supplice de la Vestale*, et de nos préférences non dissimulées pour des sujets tels que *la Fortune et le Jeune Enfant* et la *Léda*, où la forme humaine dans tout son éclat joue le principal rôle, il ne faut nullement conclure que nous prétendions refuser à M. Baudry le don de se produire avec avantage dans la peinture d'histoire proprement dite. Loin de là, nous pensons que, comme son condisciple, M. Bouguereau, il trouvera plus tard dans ce genre, qui semble aujourd'hui déshérité, matière à de légitimes succès. Mais c'est à condition qu'il introduira dans son style des modifications que la plus simple réflexion ne tardera pas à lui conseiller. Avec autant de style, d'unité, de simplicité et d'habileté pratique qu'il y en a dans les deux toiles que nous avons louées sans restriction, il fera un peintre d'histoire d'autant plus distingué qu'il y introduira un élément trop négligé par la peinture académique, et qui pourtant ne gâte rien : je parle du coloris.

Constatons, en attendant, dès notre premier chapitre, et pour ne pas perdre de vue le but de cette modeste revue, que ce Salon de 1857, qu'on nous dénonçait comme devant être d'une insignifiance parfaite, va déjà mettre en relief deux peintres nouveaux, sur lesquels le public ne comptait guère, et qui donnent à leur début les plus sérieuses garanties pour l'avenir.

II

LA PEINTURE D'HISTOIRE
(SUITE).

L'ÉCOLE DU STYLE : MM. LÉON BÉNOUVILLE, CABANEL,
BARRIAS, GUSTAVE BOULANGER.

La langue française, en attribuant à une grande partie des mots dont elle se compose un sens déjà fort large, et que chaque écrivain peut encore étendre à son gré, se plie avec une facilité merveilleuse à tous les équivoques du langage. C'est de là que tirent leur origine ces odieux jeux de mots, impossibles dans un autre idiome, qui se cultivent avec tant de succès sur quelques théâtres de bas étage, et qui sont la menue monnaie de l'esprit français. Il n'est pas rare de trouver dans notre dictionnaire, d'ailleurs si riche à tant d'égards, une foule de vocables qui prennent un sens entièrement différent, selon l'intention de celui qui les emploie. Le mot *style*, dont l'usage est si fréquent en art comme en littérature, est de ce nombre.

On entend par style, dans l'acception la plus large, la manière tout individuelle dont un sujet quelconque est rendu, après avoir passé par l'esprit de tel ou tel artiste ou poëte qui se l'est assimilé aussi complétement que possible, en lui imposant sa manière de voir et ses procédés habituels. A moins de descendre à une imitation servile des manifestations apparentes du monde extérieur, l'artiste, quel qu'il soit, imprime à toutes ses créations le caractère personnel de son propre esprit. C'est par le style qu'il fait comprendre à ceux qui veulent bien le consulter sa manière de voir et d'interpréter la nature, et l'empreinte qu'il dépose sur sa traduction, plus ou moins exacte, est le signe par lequel il lui est permis de manifester son originalité et son individualité. Cette sorte d'estampille, mille fois plus sûre qu'une signature équivoque, est, pour les experts en matière d'art, la seule marque de fabrique, si j'ose me servir d'un tel mot, qui soit digne de confiance, et qui permette de discuter et de révoquer en doute l'authenticité des œuvres attribuées à tel ou tel maître. Shakspeare et Corneille, Hugo et Lamartine, Ingres et Delacroix, ont chacun leur style, auquel il est impossible de se méprendre. C'est en ce sens que Buffon a pu dire : « Le style c'est l'homme. » Sur ce premier point il n'y a pas de conteste.

Mais voici bien une autre affaire, et ici l'objection est sérieuse. Admettre que le style est la marque certaine de l'individualité, c'est reconnaître implicitement que tous les styles sont bons, puisque tous ont leur raison d'être. Or, il existe de par le monde une certaine école qui rallie encore aujourd'hui un très-grand nombre de suffrages, et qui, loin de reconnaître la légitimité des diverses interprétations de la nature, se glorifie de ramener toutes les tendances à une formule unique, à un style qui est le sien. L'art académique étant le fond du système, on a nommé peinture de style, d'une façon absolue, l'art de traduire les objets sensibles, hommes et choses, d'une manière uniforme, en vertu de certaines règles posées en principe, et qui sont tenues de s'adapter à tous les tempéraments, comme un uniforme qui irait à toutes les tailles. La peinture de style, supprimant de son autorité privée la liberté et l'individualité, se trouve donc être, par un étrange abus de mots, l'ennemie la plus acharnée de ce qui est, à proprement parler, le *style*.

La peinture de style s'est donné pour mission de n'exprimer que des idées nobles et élevées, et de les exprimer dans un langage pur et correct. Les formes rigoureusement belles, c'est-à-dire qui brillent par l'harmonie et l'élégance des lignes, y ont seules droit de cité. On leur adjoint un petit coloris anodin, qui ne vient qu'en second ordre, comme un accessoire utile à la vérité, mais dont on se passerait aisément pour peu qu'il menaçât de compromettre la supériorité du dessin. Ajoutez que les lois les plus strictes de la convenance y sont observées avec un scrupule dont Boileau, professeur de bon goût, aurait lieu d'être satisfait, et vous aurez le programme de la peinture de style dans son majestueux ensemble.

De semblables tendances sont assurément fort belles, et n'ont rien en elles que de très-louable, mais croyez-vous que l'art s'accommode volontiers d'être ainsi réglementé comme une troupe indisciplinée? Croyez-vous que la tâche qu'on lui assigne, et qui consiste à tailler chaque jour la besogne sur un patron coupé d'avance et mesuré au compas, ne ressemble pas plus au métier qu'à l'art? L'art est capricieux par nature, il opère à sa guise, à l'heure et de la manière qu'il lui plaît, et, en fait de lois, il ne connaît guère que celles de sa fantaisie. L'imagination est, ce me semble, pour beaucoup dans l'organisation artiste du peintre ou du poëte. Le nouveau et l'imprévu ne sont pas les dons les moins heureux de cette déesse fantasque qu'on a si justement nommée la Folle du logis. Parlez-lui de règles absolues, vous la verrez sourire. Aussi, les prétendus peintres de style, habitués de bonne heure à compter sans elle et à s'en passer le plus souvent, nous font-ils l'effet de ces gens dont parle Rabelais, qui se pincent eux-mêmes pour se faire rire. Ceux-là, pour sûr, « battront longtemps les buissons avant de prendre les « oyzillons. »

Quelques-uns cependant sont arrivés, dans le nombre de ces malencontreux élèves de l'école du style, a produire des œuvres très-recommandables, en ce sens que l'habileté pratique, la science, le talent, en un mot, mais le talent qui s'acquiert, y tiennent lieu, dans une certaine mesure, de la spontanéité absente. C'est d'eux que nous allons vous entretenir ; et, bien que nous paraissions au premier abord assez mal disposé à leur égard, nous saurons leur rendre toute la justice qui leur est due. Sans doute, à ne consulter que notre goût, nous préférerions infiniment trouver en eux un peu plus d'intuition et moins de science, mais nous ne commettrons jamais la faute de juger et de condamner d'avance une foule d'artistes sérieux, au nom d'une théorie particulière, qui, du reste, ne s'applique pas également à tous.

Peut-être eût-il été plus rationnel de ne pas séparer MM. Baudry et Bouguereau des autres peintres, également sortis de l'école de Rome. Nous n'avons pas cru devoir le faire pour plusieurs raisons : d'abord, parce que nous avons remarqué en eux des tendances plus individuelles; ensuite parce que leurs œuvres méritaient véritablement une mention à part, et enfin parce qu'il entrait dans notre plan de conduite de mettre surtout les derniers venus en relief. C'est aux plus jeunes que revenaient de droit les honneurs du Salon.

Le *Poussin sur les bords du Tibre*, de M. Léon Bénouville[1], ne fera pas plus oublier son *Saint François d'Assise,* du Salon de 1853, que le *Michel-Ange à*

---

[1] Premier grand prix de Rome (histoire), 1845.

la Chapelle Sixtine, de M. Barrias, ne nous empêchera de regretter les *Exilés de Tibère*, exposés en 1851. C'est cependant un excellent tableau fort bien composé, d'un style même plus serré et d'une couleur bien supérieure ; mais il lui manque cette largeur de conception et cette harmonie d'exécution qui font encore de l'autre tableau le chef-d'œuvre de M. Benouville, et, sans doute, un des chefs-d'œuvre de la peinture moderne. Là, tout était simple, naturel, grandiose, sans affectation de style ; il y avait dans cette toile un véritable souffle d'inspiration, et ce je ne sais quoi qui vous captive et vous retient malgré vous. Ici, il y a tout excepté l'inspiration ; c'est une charmante toile ; on la regarde volontiers, mais on s'en détache de même. Le style a fait irruption dans le tableau, et y a tout envahi, de telle sorte qu'il n'a pas laissé au sentiment la plus petite place. Cependant, les femmes dont la vue inspire au Poussin la composition de son *Moïse sauvé des eaux* sont pleines de grâce et de beauté. L'une d'elles surtout, admirablement drapée dans son ample costume aux plis majestueux, est bien le type de cette beauté solennelle des filles de la campagne de Rome qui frappe tous les voyageurs, comme le dernier rayon d'une grandeur déchue. Le Poussin est bien tel aussi que nous aimons à nous le représenter, mais avec tout cela l'œuvre ne nous satisfait pas. Elle manque d'unité : le peintre qui découvre un sujet de peinture, et ce sujet lui-même tel qu'il l'aperçoit, tiennent autant de place et ont autant d'importance l'un que l'autre dans le tableau. Il eût fallu opter entre ces deux éléments, et en mettre un au second rang. Diviser l'intérêt, c'est vouloir l'empêcher de se produire.

Je ne cite que pour mémoire *Raphaël apercevant la Fornarina pour la première fois.* C'est un tableau manqué ; il est inutile d'insister sur ses défauts.

Les **Deux Pigeons** sont une paraphrase ingénieuse du célèbre apologue que tout le monde sait par cœur. Cette composition, aussi sentimentale que les deux autres le sont peu, plaira beaucoup à la partie féminine du public. C'est la première fois que M. Benouville nous montre des figures de grandeur naturelle ; car il est bien entendu que ses deux pigeons appartiennent à la race humaine. L'amante délaissée vient de quitter son rouet ; un bruit de pas bien connu, ou plutôt une voix chérie s'est fait entendre. Pendant que l'orage gronde au dehors, la porte s'ouvre, et le voyageur tombe dans les bras de son amie, pâle, hagard, les cheveux en désordre, les genoux fléchissants, à demi mort de fatigue et de souffrances, portant encore aux poignets les fers qu'il a rompus. Cette petite scène dramatique est pleine d'intérêt et de sentiment. On n'y retrouve pas, à la vérité, le peintre austère de *Saint François d'Assise* ; mais comme le sujet ne comportait nullement une semblable sévérité, le plaisir que les **Deux Pigeons** nous font éprouver n'est pas mêlé de regrets. Néanmoins, si M. Benouville ne veut pas voir son style s'affadir, nous l'engageons à ne pas trop fréquenter les apologues. Des sujets plus mâles conviennent mieux à un esprit solide et nourri par de fortes études. C'est une fort belle chose que le sentiment, mais il faut craindre de le prendre par son côté languisaant.

La *Mort de Moïse*, de M. Cabanel[1], et son *Martyr chrétien*, malgré leur mérite incontestable, ne nous avaient révélé qu'une partie du talent de leur auteur. Aujourd'hui, M. Cabanel nous montre, « au milieu d'une vie de désordres, Aglaé et Boniface, las des voluptés mondaines, rêvant aux nouvelles vérités du christianisme, dont la grâce divine pénètre leur âme. » Si la mémoire ne nous fait défaut, il y a dans ce tableau, d'un style ferme et nerveux, encore plus d'élévation, de pureté et surtout d'expression, que dans les précédents. Bien qu'un sujet à peu près semblable ait été tout dernièrement traité par M. Ary Scheffer, dans *Saint Augustin et Sainte Monique*, nous ne pensons pas que la comparaison doive nuire à M. Cabanel. Son dessin est aussi pur et peut-être plus accentué que celui du peintre de *Mignon* et de *Francesca*, et il a sur lui l'avantage d'un coloris à la fois flou et ferme, soutenu par une touche vigoureuse. La tête d'Aglaé est un compromis heureux entre l'idéal antique

---

[1] Premier grand prix de Rome (histoire), 1845.

et la beauté moderne. Sa tunique, entr'ouverte par le vent de la mer, laisse voir des contours fermes et nettement accusés, qui sont d'une femme plutôt que d'une jeune fille ; son bras nu, appuyé sur une lyre muette, est d'une richesse de formes qui conviendrait à la Vénus de Milo, si le temps lui avait laissé des bras, et la blancheur mate de la peau est rehaussée par une chevelure noire d'un éclat éblouissant. L'amour n'a pas laissé sur son visage rêveur les tristes empreintes du vice, mais on y lit clairement les vagues aspirations de son âme du côté de l'amour éternellement chaste et divin. Le visage triste et abattu de son amant n'est pas non plus d'un débauché vulgaire, c'est bien celui du futur chrétien qui n'attend que le souffle de la foi pour se relever et se régénérer.

Michel-Ange dans son atelier, taillant à plein marbre son Moïse gigantesque, n'a plus rien de cette poésie pénétrante que l'inspiration peut seule enfanter. C'est un tableau savant dans l'acception la plus vulgaire du mot, où nous retrouvons ce *style* banal qui s'enseigne à Rome, et rien de plus. Ce n'est ni plus mauvais ni meilleur que tout ce qu'on a fait sur le même motif. Michel-Ange et Raphaël ont été si souvent peints dans leur atelier, qu'il faudrait au moins trouver une forme originale pour rajeunir un sujet tant de fois exploité, et c'est ce que n'ont fait ni M. Cabanel ni M. Jalabert, ni même M. Barrias.

Othello racontant ses batailles nous sort un

peu de cet art conventionnel qui ne rachète son manque de spontanéité qu'à force de savoir-faire et de grandeur factice. Peut-être même y a-t-il trop de laisser-aller dans ce tableau. Desdemona, attentive aux exploits d'Othello, comme Didon au récit d'Énée, pourrait avoir un peu plus de cette ampleur majestueuse que nous avons signalée dans la figure d'Aglaé. On pense malgré soi, en la voyant, à l'allure molle et languissante des femmes de M. Picou, ce qui n'est certes pas le but que M. Cabanel se proposait. L'Othello et la Desdemona qu'on nous représente sont loin d'avoir le caractère grandiose des personnages de Shakspeare; mais il y a dans cette composition un effort poétique qui n'est pas sans résultat, et dont il faut savoir tenir compte à l'auteur.

Nous voudrions pouvoir exprimer ici en toute sincérité l'estime profonde que nous avons pour le talent sobre mais soutenu de M. Barrias[1]. Malheureusement, il nous semble que ce peintre s'est un peu endormi sur le succès de ses *Exilés de Tibère*, comme son Michel-Ange sur l'échafaudage de la chapelle Sixtine. On chercherait en vain un défaut saillant dans ce nouveau Michel-Ange, ajouté à tant d'autres, mais on y trouverait plus difficilement encore un motif sérieux d'intérêt. Représenter Buonarotti perdu dans la contemplation était une idée assez neuve, mais de tels sujets

---

[1] Premier grand prix de Rome (peinture), 1844.

doivent captiver entièrement le spectateur, comme l'*Aglaé* de M. Cabanel, ou ne pas exister. On pourrait ajouter, malgré l'opinion de M. Alfred Michiels, que le peintre du *Jugement dernier* était moins un contemplateur qu'un génie doué d'intuition. Nous laisserions volontiers de côté cette objection, si l'œuvre de M. Barrias devait ajouter quelque chose à son bagage artistique, mais il n'en est pas ainsi. Espérons que M. Barrias saura prendre, au prochain Salon, une éclatante revanche.

C'est, du reste, le défaut ordinaire des disciples de l'école de Rome de se préoccuper beaucoup plus du genre de style et de sujet qui leur était imposé à leurs débuts que du sentiment et de la forme plastique.

M. Gustave Boulanger[1] n'en est pas exempt. Après les cartons de M. Chenavard, le besoin d'un nouveau *César franchissant le Rubicon* ne se faisait pas généralement sentir. Il est à croire qu'à ce moment décisif César dut faire quelques réflexions sérieuses; mais, comme M. G. Boulanger n'a pas sans doute la prétention de nous apprendre l'histoire romaine, nous ne saisissons pas bien l'utilité de son tableau. Pour nous, qui cherchons uniquement une œuvre d'art, nous ne voyons là qu'un Romain à cheval, qui voudrait bien trouver un moyen de traverser le ruisseau à pied sec, ce qui nous est parfaitement indifférent.

[1] Premier grand prix de Rome (histoire), 1849.

Il n'en est pas de même de la *Chaossa* (éclaireurs arabes), sujet moderne élégamment traité, et de *Maestro Palestrina*, qui appartient tout à fait à la peinture contemporaine et plus particulièrement à la peinture belge. Toutefois M. Boulanger n'en a pas tiré tout le parti imaginable, et cela pour une raison qu'on comprendra facilement en voyant la *Répétition dans la maison du poëte tragique à Pompéi.* Ici M. Boulanger, qui a fait de l'art antique une étude approfondie, se trouve dans un milieu qui est en harmonie parfaite avec ses tendances naturelles ou acquises ; aussi ce petit tableau est-il le plus complet et le meilleur de ceux qu'il expose. Ses personnages sont habilement groupés et ont en outre le mérite de la vérité locale, qui est indispensable dans les œuvres de ce genre. Leurs physionomies, leurs costumes et jusqu'à leurs attitudes sont scrupuleusement étudiés. L'architecture de la maison pompéienne avec ses colonnades, ses vestibules ornés de peintures et ses chambres à ciel ouvert est aussi d'une exactitude minutieuse. En tant que *fac-simile,* c'est un ouvrage excellent.

M. Gustave Boulanger nous paraît le type le plus caractéristique de ces élèves lauréats que l'école de Rome nous rend après qu'une étude exclusive et mesquine a tout à la fois rétréci et fortifié leur talent. Si on a voulu en faire des savants, on a fort bien réussi : leur science saute aux yeux ; mais où est l'art ?

L'art, qui a dans le cœur humain le siége éternel de

son empire, ne s'amuse pas à ressusciter des momies où depuis si longtemps le cœur a cessé de battre. L'archéologie est une science, ce n'est pas un art, car si l'art vivifie, il n'a pas le don de rendre aux morts les apparences de la vie. Il ne suffit pas pour créer de combiner des lignes selon le rite prescrit. Les peintres qui confondent le style avec la grammaire sont à plaindre. Tant que l'étincelle leur manquera, on aura peine à les prendre pour de véritables artistes.

Rendons aux peintres dont nous venons de parler cette justice que, si trop souvent les souvenirs académiques ont entravé leur marche et rendu leurs travaux stériles, souvent aussi le succès est venu couronner leurs efforts, mais cela seulement chaque fois que la liberté leur est revenue. Le *Saint François d'Assise*, les *Exilés de Tibère*, *Aglaé*, la *Choassa* et même, sauf quelques réserves, la *Répétition à Pompéi*, sont des œuvres d'art remarquables, non point parce que la tradition y a été fidèlement observée, mais bien plutôt parce qu'on y remarque cette liberté et cette individualité d'expression qui seules peuvent être justement nommées le *style*.

III

LA PEINTURE D'HISTOIRE

(SUITE).

LES INDÉPENDANTS : MM. ROBERT FLEURY, GÉROME, JALABERT, LANDELLE, LOUIS ROUX, MAZEROLLE, CARLIER, MATOUT, MATHONAT, DÉVÉRIA, SIEURAC, GALIMARD, ETC. — M. MARÉCHAL, DE METZ.

La juste célébrité de M. Robert Fleury est trop solidement établie pour que nous ayons à parler longuement de son *Charles-Quint au monastère de Saint-Just,* qui n'en est pas moins un de ses meilleurs ouvrages. Depuis son fameux *Colloque de Poissy,* du Salon de 1840, M. Robert Fleury s'est rarement élevé à une pareille hauteur. Dans ces toiles de petite dimension, l'esprit profond et incisif de ce peintre semble se trouver plus à l'aise que dans des œuvres du genre de *Jane Shore* et du *Pillage d'une maison dans la Judecca de Venise.* Il y développe des qualités de concision et d'énergie que peu de peintres aujourd'hui possèdent au même degré. La couleur, qui est trop lâchée et monotone dans ses grands tableaux, se condense, et les effets de lumière arrivent souvent à la puissance de Rembrandt. La composition ne gagne pas moins à être ainsi limitée. Elle revêt un aspect plus simple et en même temps plus grandiose.

La *Sortie du bal masqué,* de M. Gérôme, que la foule a déjà baptisée le *Duel des pierrots,* est encore un des succès les plus incontestés du Salon actuel. Nous ne nous trompions pas en conseillant à M. Gérôme, il y a deux ans, de laisser là les machines historiques du genre de son grand tableau, qui lui a valu en 1855 un si éclatant échec. Le public, que le *Siècle d'Auguste* avait laissé indifférent, s'est pris tout à coup d'un bel enthousiasme pour ce fameux duel qui était déjà célèbre avant d'avoir paru. Est-ce un drame véritable ou une simple comédie qui se joue sous nos yeux ? Pierrot, blessé à mort par Arlequin, a-t-il réellement sur les lèvres le râle de l'agonie, ou n'est-ce que Paul Legrand dans une de ses meilleures pantomimes ? On n'en sait rien. Toujours est-il que les acteurs jouent merveilleusement leur rôle. Le pauvre Pierrot a déjà les yeux renversés par les affres de la mort ; la farine qui se détache de ses joues laisse à découvert un visage livide, et tout son corps détendu tombe flasque et inerte dans les bras de ses témoins. Ce dénoûment tragique, revêtu d'habits de carnaval, produit une singulière impression sur les spectateurs. C'est comme un éclat de rire sinistre sur une tombe entr'ouverte. Vous rappelez-vous cette scène charmante où le pâle Hamlet entame avec les fossoyeurs un dialogue étrange semé de plaisanteries lugubres ? Eh bien ! tout ce qu'il y a de grave et de bouffon dans cette scène bizarre se reproduit ici avec une force et une originalité singulières. Comme groupe, comme attitudes, comme vérité d'expression, comme charme d'ensemble et de détail, M. Gérôme n'a jamais rien fait de plus accompli que ce tableau.

Dans un style plus sobre et plus sévère, la **Prière chez un chef arnaute** et les **Pifferari**, deux tableaux d'une délicatesse exquise, et plusieurs scènes de la vie orientale ont un succès moins populaire, mais tout aussi réel. Transfuge heureux de l'école néo-grecque, dont il était un des fondateurs, M. Gérôme ne s'est laissé séduire qu'un seul jour par l'appât de la peinture officielle. Espérons qu'on ne l'y prendra plus, et qu'il saura s'en tenir au style pur, original, exempt de toute affectation et de toute banalité qu'il a enfin rencontré.

M. Jalabert, dans *Raphaël composant la madone de Saint-Sixte*, a voulu faire du style à la manière de MM. Bénouville et Cabanel. Sa tentative n'a pas été heureuse. M. Jalabert n'a pas un dessin assez pur et une couleur assez ferme pour réussir jamais complétement en ce genre. Son tableau manque de caractère et d'originalité. Si Raphaël n'avait pas eu pour modèles de types plus nobles que la paysanne italienne qui pose pour la madone dans le tableau de M. Jalabert, tout porte à croire qu'il se fût servi de préférence de ce « certain idéal intérieur » dont il parle dans sa lettre à Castiglione.

Dans *Roméo et Juliette*, M. Jalabert a fait preuve de beaucoup plus de force et d'élévation. La couleur y est encore un peu terne; les contours sont loin d'être aussi fermes que dans l'*Aglaé* de M. Cabanel, et pourtant ce tableau nous séduit tout d'abord par le naturel, la simplicité, la composition et par le sentiment qui y est contenu. Juliette, entourant de son bras le cou de Roméo et attirant sur son sein la tête de son amant, a un charme mélancolique qui n'a rien de trop efféminé et que l'effet de crépuscule contribue encore à mettre en relief. Ce n'est pas précisément du Shakspeare tel qu'on le comprend généralement, mais il n'y a pas qu'une manière d'être émouvant.

La peinture de M. Landelle, toujours un peu trop vaporeuse dans des compositions historiques ou religieuses du genre des *Anges gardiens*, ne perd rien de sa grâce et de sa légèreté en devenant plus ferme et plus accentuée dans des figures isolées, telles que la *Juive de Tanger*, la *Femme arménienne*, la *Jeune fille finlandaise* et le portrait de mademoiselle P. M. Tous les portraits de femme de M. Landelle sont aussi charmants que ses *Anges gardiens*, dont le type est commun à presque tous les élèves de Paul Delaroche, sans être pour cela d'une transparence diaphane. Du reste, ses deux séraphins, dont le type rappelle heureusement les *Cenci* de Paul Delaroche, sont vraiment d'une suavité angélique. Quels beaux rêves doit faire dans son berceau, à l'ombre de leurs ailes, cet enfant à peine né, s'il est vrai qu'à son âge on se souvienne du ciel ! Rappelez-vous les vers de Victor Hugo :

> Dans l'alcôve sombre,
> Près d'un humble autel,
> L'enfant dort à l'ombre
> Du lit maternel,
> Tandis qu'il repose,
> Sa paupière rose
> Pour les hommes close
> Est ouverte au ciel, etc.

M. Louis Roux, bien qu'honorablement connu des artistes, est loin d'avoir une réputation à la hauteur de son mérite. Son talent sobre et mesuré a plus de solidité que d'éclat. Peut-être lui manque-t-il encore un certain cachet d'individualité qui ne s'acquiert pas toujours dès le début, mais qui est indispensable pour s'élever au-dessus du vulgaire. M. Roux semble s'être imposé la tâche d'écrire une histoire des peintres de toutes les écoles, dont chaque chapitre sera peint dans le style de l'artiste qui en fournira la matière. Son *Atelier de Rembrandt* est un très-beau morceau de peinture, qui n'a qu'un tort, celui de vous faire penser sur-le-champ à l'*Intérieur du menuisier*, qui est au Louvre ; son *Bernard Palissy* est une imitation des Belges, et son *Claude Lorrain* est au premier plan d'un paysage où il doit se trouver comme chez lui. Cette faculté d'assimilation est une très-belle chose pour un peintre qui en est encore à chercher la voie qu'il veut suivre, mais à laquelle il faut renoncer de bonne heure sous peine de n'être jamais original. Ses trois tableaux n'en sont pas moins des œuvres fort distinguées et aussi remarquables par l'ensemble que par les détails. Il y a dans son *Rembrandt* et dans son *Bernard Palissy* des têtes pleines d'expression et d'énergie, et parfaitement étudiées au point de vue du dessin et de la couleur. Il y a surtout dans le *Rembrandt* une physionomie d'amateur guignant une vieille estampe avec une énorme lentille, qui est un type achevé. La tête de Rembrandt est elle-même fort belle et entièrement conforme aux portraits originaux de ce peintre, qui, du reste, ne sont pas rares. Une belle lumière blonde vient éclaircir de ses reflets dorés le visage finement modelé du maître assis à son chevalet. Le reste du tableau est dans une pénombre chaude et bitumineuse, qui ne manque ni de légèreté ni de transparence. Sans affecter de se préoccuper outre mesure de ce qu'on appelle d'une façon absolue le style, M. Roux compose très-habilement ses tableaux; tous ses personnages sont bien dessinés, ont une pose spirituelle et forment des groupes intéressants et variés.

Il est à remarquer que ces sortes de compositions, qui sont presque des tableaux de genre, captivent aujourd'hui bien plus vivement les amateurs et le public que les tableaux d'histoire proprement dits. Est-ce un bien, est-ce un mal? Je ne sais. Toujours est-il que le temps des grandes toiles historiques est passé. Le *Siècle* d'*Auguste*, de M. Gérôme, eût-il été mille fois plus parfait, n'aurait pas eu le quart du succès de la *Sortie du bal masqué*. La *Mort de Galswinthe*, de M. Mazerolle, et *Locuste essayant des poisons sur un esclave*, de M. Carlier, en sont la preuve. Ce sont d'excellentes toiles, pleines de qualités estimables et qui pourtant sont à peine remarquées. Il faut dire aussi qu'on n'est plus assez amoureux de la science plastique pour s'intéresser beaucoup à un tableau dont un corps d'homme ou de femme bien dessiné et bien peint est le principal sujet. En cela nous sommes assez de l'avis du public, non que ce qu'on appelle l'intérêt nous paraisse devoir être le mérite principal d'une œuvre d'art, mais parce qu'il nous semble qu'on doit abandonner à la sculpture l'usage de la plastique pure, c'est-à-dire la recherche de la beauté des formes dans des personnages isolés. Or dans les deux tableaux que nous venons de citer, Galswinthe et l'esclave attirent seuls toute l'attention. Les autres personnages sont tellement accessoires qu'on les a relégués au second rang et dans l'ombre comme de simples comparses. Il en résulte que Galswinthe et l'esclave nous apparaissent comme de magnifiques études, largement peintes et hardiment dessinées; mais on est fâché de rencontrer une étude, si belle qu'elle puisse être, alors qu'on croit avoir trouvé un tableau.

Dans *Agnès Piedeleu*, de M. Mathonat, le tableau existe réellement, malheureusement il a trop de parties faibles pour racheter aux yeux du public et aux nôtres le tort qu'il a d'être un trop grand tableau. En règle générale, une toile de vingt pieds qui n'est pas tout à fait bonne est mauvaise. Ceci admis, il faut, de deux choses l'une, ou se soumettre au goût dominant, ou imposer le sien au public par des qualités de premier ordre, ce qui n'a pas lieu dans l'œuvre de M. Mathonat. C'était déjà une faute de goût d'avoir représenté *Agnès Piedeleu* nue au milieu de gens aussi vêtus que possible, et c'en était une plus grande de l'avoir jetée à terre dans cet état par trop primitif. Cette pauvre Agnès est d'une indécence choquante. En art, il y a certaines règles qui ont une apparence paradoxale et qui pourtant sont indiscutables. Léda nue avec son cygne amoureux peut paraître très-chaste ; une femme nue à côté d'un homme habillé aura toujours l'air d'une catin.

Pendant son long, long exil, M. Devéria n'a pas rajeuni. En cessant d'être coloriste, il a perdu des qualités louables sans en acquérir d'autres. Il s'est affadi plutôt que spiritualisé. On lui prête à propos de sa *Naissance d'Henri IV*, qui est au Luxembourg, un mot assez significatif. Serait-il vrai que M. Devéria n'ait jamais eu que ce tableau-là dans le ventre ?

La *Renaissance des Arts et des Lettres*, de M. Henri Sieurac est une allégorie ingénieuse, spirituellement composée et d'un coloris que Véronèse ne désavouerait pas. Les deux tableaux de M. Matout, destinés à la décoration du grand amphithéâtre de l'École-de-Médecine Le *Michel-Ange disséquant un cadavre*, de M. Ed. Moyse, la *Mort de Charles-Quint*, de M. Beaume, *Ugolin et ses enfants*, de M. Lobbedez, *la Foi, l'Espérance et la Charité*, de madame Marsaud, la *Barque de Caron*, par M. Feyen-Perrin, *Diane et Endymion*, de M. Laëmlein, et la *Chute des Anges rebelles*, de M. Alexandre Lafond, sont aussi des œuvres consciencieuses, estimables à divers degrés, et qui méritent d'être citées.

Nous voudrions pouvoir venger M. Galimard de la triste réputation que ses ennemis lui ont faite, mais la trop célèbre *Léda* est vraiment bien difficile à défendre. La peinture de M. Galimard n'est pas franchement mauvaise, elle est pire que cela, elle est banale. Le corps de sa Léda est bien dessiné, mais les mains et les pieds sont détestables, la figure est idiote et les chairs ont des tons de cire qui ne sont ni naturels ni agréables à voir. M. Galimard eût agi plus sagement en n'exposant que des dessins. Ses cartons pour la décoration de l'église Sainte-Clotilde sont bien composés et rappellent, sans être accablés par la comparaison, ceux de M. Ingres destinés à la chapelle de Dreux.

On nous a beaucoup vanté un tableau de M. Baader, élève de M. Yvon, représentant *Samson et Dalila*, que nous n'avons pas encore rencontré. Quoique le sujet ne soit pas très-neuf, M. Baader en a tiré, nous dit-on, un excellent parti. Il paraît que ce jeune peintre, qui expose pour la première fois, donne de sérieuses espérances. Nous regrettons de ne pouvoir en parler que de confiance.

Notre intention n'étant pas de consacrer aux pastels un chapitre spécial, nous en finirons avec la peinture d'histoire par le *Christophe Colomb* de M. Maréchal de Metz. Faire de l'histoire au pastel comme les Anglais en font à l'aquarelle est une prétention assez singulière et que le talent de M. Maréchal peut seul justifier. Son *Colomb ramené du nouveau-monde* a autant de solidité et de franchise de touche que pourrait en avoir le pinceau le plus exercé ; le dessin y est aussi correct et plus savant que dans les quatre pastels qui lui ont valu la croix d'officier après l'Exposition universelle, et pourtant cette belle composition pèche par un point important que nous ne pouvons nous empêcher de signaler : elle manque d'air. La couleur a une telle intensité que tous les tons paraissent lourds ; or à quoi bon substituer le pastel à l'huile, si ce n'est pour en obtenir plus de flou et de légèreté ? M. Maréchal est assurément un artiste de grand mérite, mais parmi les peintres d'histoire, il ne viendra jamais qu'en seconde ligne ; aussi ne saurions-nous l'engager trop vivement à rester fidèle à un art aujourd'hui trop négligé et dans lequel il n'a pas de rivaux : l'art de Jacques du Paroy, de Cousin et de Pinaigrier.

IV

LA PEINTURE RELIGIEUSE.

MM. LEVEAU, TIMBAL, JOBBÉ-DUVAL, G. RICHTER,
CH. GISLAIN, VIGNON, DULONG, PETIT, ETC.

La peinture religieuse, remise en honneur dès le commencement du siècle par l'école de Munich, nous a toujours paru une des plus étranges et des plus malencontreuses manifestations de l'art.

Théoriquement, nous la regardons comme l'ennemie la plus acharnée du vrai principe de toute religion, et nous approuvons fort les protestants de lui refuser obstinément le seuil de leurs temples. Les iconoclastes n'étaient assurément pas des artistes, mais ils étaient gens plus avisés qu'on ne pense. En effet, la peinture religieuse, même au moyen âge, était déjà de l'irrévérence, et plus encore, de l'impiété, puisqu'elle donnait une forme matérielle, c'est-à-dire avilissante, à ce qui est au-dessus de toute forme, à ce que l'œil de l'esprit devait seul entrevoir : première source de doute, première faute. Après avoir emprunté au polythéisme romain ses temples et la pompe de ses cérémonies, il fallait au moins lui abandonner la représentation plastique de ses divinités olympiennes. Il est incroyable que la religion la plus spiritualiste qui fut jamais se soit faite l'écho des vieilles traditions du paganisme, en donnant comme lui une forme sensible à ses signes symboliques. L'adoration de Jésus fait homme sur sa croix mystique est, pour ainsi dire, devenue, à l'insu du chrétien, une adoration toute païenne, et c'est ainsi que, pour les âmes faibles, la religion n'a plus été souvent qu'une sorte de fétichisme.

Au point de vue artiste, la peinture purement religieuse n'a jamais donné de résultats plus satisfaisants. L'introduction du mysticisme dans l'art a fait regarder comme un élément secondaire le côté humain des choses représentées. Les coryphées du genre, ceux-là du moins qui étaient bien pénétrés de la réalité et de l'importance de leur mission, se sont bien plus attachés à se montrer chrétiens fervents que peintres amoureux de leur art. C'est ce qui explique pourquoi nos églises et nos musées regorgent de tableaux dont pas un n'existe en tant que production esthétique. L'artiste n'est ni un prédicateur ni un tribun ; quand il veut prouver autre chose que le beau, il radote. L'art existe par lui-même ; il a en soi sa raison d'être, et quiconque veut le subordonner à un fait, à un principe ou à une idée, est bien près de le méconnaître.

Si réellement les tableaux religieux profitaient à la religion, ce dont il nous est bien permis de douter, nous nous en réjouirions sincèrement. S'ils devaient inspirer la foi et le recueillement, ce serait assurément un fort beau résultat ; mais, encore une fois, ce n'est pas là le but de l'art. Arriver, de quelque manière que ce soit, à la réalisation du beau, voilà son seul but. Si la religion, si la politique, si tel ou tel système en profite indirectement, rien de mieux ; mais le peintre qui veut faire de l'art leur auxiliaire désintéressé n'est pas un artiste.

On a beaucoup parlé de la foi naïve des peintres du moyen âge : il y a, dans toutes les théories que l'on a émises à ce sujet, beaucoup d'ignorance et un fond de vérité incontestable. Que l'émotion intérieure de l'artiste, que l'inspiration, en un mot, lui soit nécessaire pour produire des chefs-d'œuvre, voilà ce qui est hors de doute, et ce que personne ne songe à discuter. Mais que les maîtres de l'école de Cologne ou des écoles byzantine et ombrienne, antérieures à Raphaël, aient prétendu servir la cause de la religion autrement que dans les limites que l'art comporte, voilà ce que nous ne saurions admettre. Ils ont montré à la foule les mystères de la religion tels que la foule les comprenait, tels qu'ils les comprenaient eux-mêmes, voilà tout. Ils ont trouvé là des sujets de peinture qui leur agréaient, et ils s'en sont emparé sans jeter les yeux au delà.

Du reste, au moyen âge, comme autrefois en Égypte,

l'art religieux avait sa raison d'être qu'il n'a plus aujourd'hui. A peine né, il sentait qu'il avait besoin de tutelle; mais au xvie siècle comme au temps de Périclès, l'art, devenu adulte, s'émancipe, sort de tutelle, et veut rester indépendant. Si le pape avait fait Raphaël cardinal, ce n'eût pas été certes à titre de chrétien. Les plus belles madones qu'il nous ait léguées sont celles qu'il peignit sous l'influence du Pérugin, alors que ce dernier se reposait du travail de ses vierges en illustrant les obscénités de l'Arétin. La *Transfiguration* de Raphaël, la *Cène* du divin Léonard, les *Noces* de Véronèse, la *Descente de croix* de Rubens, sont uniquement des œuvres d'art qui ne convertiront jamais personne, si ce n'est au culte du beau.

Si vous voulez savoir à quelles conditions la peinture religieuse peut encore se relever aujourd'hui, rappelez-vous ce que vous avez vu dernièrement au Palais des beaux-arts. Paul Delaroche, devenu sur la fin de sa vie chrétien austère et convaincu, voulut essayer de la peinture religieuse. Son *Christ* tenant en main le calice et sa *Vierge* au pied de la croix, tous deux de grandeur naturelle, n'ont pas même satisfait ses admirateurs les plus sincères. C'était là de la peinture purement religieuse, et il y échoua. Ces deux tableaux sont froids, d'une expression douteuse et pour tout dire ennuyeux. Voyons maintenant combien il a été mieux inspiré en renonçant à faire des tableaux qui fussent uniquement des tableaux d'église.

La manière dont Paul Delaroche a interprété le drame de la Passion, dans les quatre ou cinq tableaux représentant les principaux épisodes du *Vendredi-Saint*, est entièrement neuve et inexplorée. Il en a retracé le poëme sans y faire intervenir celui qui en est le sujet. Rien ne nous semble plus naturel et mieux fondé. Quand Jéhovah parlait à Moïse, pour lui communiquer ses volontés divines, le prophète entendait une voix mystérieuse issue d'un buisson ardent ou des nuages du Sinaï, mais aucune forme n'apparaissait à ses regards. La fiction mythologique qui nous montre la mère de Bacchus foudroyée par l'apparition de Jupiter qu'elle a témérairement invoqué, nous paraît bien autrement imposante que ce vieillard à barbe blanche qu'on nous donne pour le Père éternel et que nous laissons de grand cœur parmi les vieux poncis académiques. Jésus, à la vérité, s'est fait homme; mais sous l'enveloppe humaine il y a un Dieu, et c'est cette sublime incarnation qu'il est impossible de représenter sans la profaner. Ou votre Christ n'est qu'un prétexte pour l'art, et alors vous sortez des données chrétiennes, ou vous ne poursuivez que l'idée immatérielle, et alors l'art vous fait défaut.

Delaroche, dans son *Vendredi-Saint*, a donc renoncé à peindre la figure du Christ. C'est en nous mettant sous les yeux l'émotion terrible de la *mère* et de ceux qui l'assistent qu'il a voulu nous émouvoir nous-mêmes, et il a réussi. Il a réussi, parce qu'étant trop profondément ému, lui aussi, pour recopier une fois de plus les banalités traditionnelles dont tout le monde était las, c'est le cœur humain qu'il a mis en jeu pour exprimer ses sentiments. Toucher à la figure du Christ lui semblait à juste titre une entreprise téméraire. L'idéaliser, c'est impossible ; on n'arrive qu'à l'abaisser à son propre niveau. Dans Marie, au contraire, l'humanité se retrouve. Ici, c'est la mère qui souffre, et les angoisses du cœur maternel auront toujours des échos dans notre propre cœur.

Dans le tableau intitulé la *Vierge chez les saintes femmes*, c'est par la pensée que nous assistons à l'action principale. Le Christ est conduit au Calvaire, mais nous ne le voyons pas ; nous savons qu'il est là, nous sentons sa présence, ce qui est infiniment plus fort. Le cortége passe sous les fenêtres, et nous n'apercevons que le bout des piques des soldats romains et l'écriteau qui doit surmonter l'arbre de la croix. Marie, agenouillée au milieu de la chambre, pâle, glacée, l'œil fixe et le regard avide, contemple avec une horreur extatique la scène qui se passe au dehors. Cette douleur immense, et qui ne peut être consolée, emplit seule tout le tableau. Des saintes femmes agenouillées par derrière, aucune ne s'approche pour la relever. Que dire à une mère à qui l'on prend son fils ? Madeleine, éperdue, ivre de désespoir, moins forte que la Vierge sainte, n'a pu supporter cette vue ; elle s'est affaissée au pied de la fenêtre. Près d'elle, saint Pierre arrête d'un geste le disciple bien-aimé, saint Jean, qui se précipite en avant pour jeter un dernier adieu au maître qui va mourir : contraste heureux de l'effusion irréfléchie et de la prudence qui a renié trois fois !

Nous ne donnons pas ce tableau comme un type de perfection, parce que la forme plastique et la couleur n'y ont qu'un rang par trop secondaire, mais il nous semble que Delaroche avait trouvé le moyen de réhabiliter quelque peu la peinture religieuse en l'*humanisant* pour ainsi dire et en en tirant des effets qui relèvent directement de l'art. Mais pour surmonter habilement de telles difficultés, il faut un tact exquis et une science que nos prétendus peintres religieux sont loin de posséder.

Comme cela a lieu d'ordinaire, on n'a pas manqué d'accuser les membres du jury d'admission d'une excessive sévérité. Pour notre compte, en ce qui concerne les tableaux religieux, il y en a bien peu, parmi ceux qui figurent au Salon de 1857, que nous eussions jugés dignes d'y être admis. Peut-être en a-t-on encore présenté de plus mauvais, car tout est possible ; peut-être aussi éprouvait-on le besoin de meubler avec de grandes toiles l'espace réservé à la peinture ; mais à part quelques rares exceptions, nous les eussions tous impitoyablement refusés. La valeur d'un tableau ne se mesure ni à sa taille ni au sujet qui y est représenté. Le moindre petit coin de paysage où le sentiment de la nature se fait jour nous semble infiniment préférable à cet amas de grandes galettes insipides, bonnes tout au plus à moisir dans quelque pauvre église de village. Sans doute il est cruel de se voir refuser même les critiques dédaigneuses et les quolibets du public quand on s'est donné tant de mal pour les mériter, mais il est fâcheux aussi que des œuvres sans style et sans esprit viennent usurper la place qui semblait destinée à d'autres œuvres beaucoup plus estimables, quoique plus modestes.

En exceptant l'*Annonciation* de M. Leveau, le *Saint Jean-Baptiste prêchant à Ephèse* de M. Timbal, le *Calvaire* de M. Jobbé-Duval et la *Résurrection de la fille de Jaïre* de M. Gustave Richter, qui sont de bons tableaux sans être encore des œuvres entièrement originales, on trouverait difficilement dans tout le Salon une seule toile religieuse qui ait une apparence d'indépendance et de personnalité. Toutes ne sont que d'odieuses copies presque avouées de Rubens ou de Corrége, de Lesueur ou d'Owerbeck, de Véronèse ou de Jouvenet.

Pour la *Descente de croix* de M. Ch. Gislain, le plagiat est tellement évident qu'on se demande pourquoi l'auteur n'a pas fait tout bonnement une copie du trésor de la cathédrale d'Anvers. Tout y est, les mêmes personnages dans les mêmes attitudes, les mêmes accessoires et les mêmes costumes. Avec cette différence, toutefois, que là où les figures sont admirablement expressives dans l'original, elles sont inertes dans le calque; que là où la forme est hardie, vivace, énergique, elle est flasque, veule et boursouflée ; que là où la couleur brille ou plutôt brillait d'un éclat incomparable, elle est noire, terne, opaque, enfumée. Tout le personnel de rigueur est honteusement défiguré : la Vierge agonisante n'a qu'une grimace insipide ; le saint Jean est inepte, et la pauvre Madeleine, décolletée jusqu'au milieu du dos, a l'air d'une servante d'auberge accomplissant quelque besogne équivoque.

Le *Christ sur la croix*, de M. Vignon, sans avoir plus de caractère a au moins plus de simplicité. On voit que ce peintre, imbu des théories spiritualistes, a cherché à se dissimuler lui-même aussi complétement que possible pour faire place au sentiment religieux. A-t-il réussi ? Hélas ! nous souhaitons que les saintes Thérèse de village puissent entrer en extase devant cette grande image pâle et terreuse, dont l'aspect grisâtre ou plutôt incolore vous donne le frisson. Mais en vérité où est l'art ? où est la séve jaillissante, féconde, terrible de Rubens ? où la couleur puissante et la lumière qui vient inonder le torse éblouissant du Christ de Van Dyck ? Eh quoi ? ces spectres blafards, lividement enluminés, ce sont des figures humaines ! Quoi ! ces petits triangles régulièrement tracés et remplis d'une couche uniforme de bleu, de gris ou de jaune, ce sont leurs vêtements ? Ce serait vraiment trop bouffon, s'il n'était pas bien plus affligeant de voir que l'art puisse tomber si bas.

Nous avions bien l'intention en commençant ce chapitre, d'analyser scrupuleusement les tendances plus ou moins justifiables et justifiées de tous les peintres qui ont exposé des tableaux de religion et d'examiner de quelle manière ils sont parvenus à les réaliser, mais nous ne nous en sentons déjà plus le courage. A quoi bon prouver le néant de ce qui n'existe pas? Il n'y a pas lieu de craindre que l'*Adoration de la Vierge,* de M. Dulong, ou l'*Institution de l'Adoration du Saint-Sacrement,* de M. Petit (un architecte égaré) trouvent des imitateurs. Encore une fois, à quoi bon?

Aujourd'hui, grâce à Dieu, la peinture religieuse, usée jusqu'à la corde, se meurt de sa belle mort, ou plutôt d'inanition, de consomption, de vide et d'épuisement. Ce n'est pas un simple accident qui la tue, c'est une impossibilité de vivre fatale et logique. L'art religieux resserré dans d'étroites limites, forcé d'obéir à la lettre au lieu de s'inspirer de l'esprit, obligé d'être original sans jamais altérer le type, est littéralement aux abois. Ajoutons que loin de le faire servir à la glorification du beau, on a voulu en faire le très-humble serviteur de la religion dominante et l'utiliser à la décoration plus ou moins banale des monuments consacrés au culte, lui attribuer, en un mot, le rôle plus que modeste des grisailles de M. Abel de Pujol sur les frises intérieures de la Bourse. La question une fois posée en ces termes, l'art véritable, humilié dans son légitime orgueil, se retire sans bruit et cède discrètement la place au métier.

V

LA PEINTURE DE BATAILLES.

M. GUSTAVE DORÉ.

———⋄———

De tous les artistes qui appartiennent à la génération nouvelle, M. Gustave Doré est le seul jusqu'ici qui se soit créé une individualité bien distincte. Tandis que tous les débutants dans la carrière littéraire ou artistique vont chercher à tâtons, au prix de pénibles efforts, un chemin tout tracé où ils puissent se hasarder d'un pas encore lent et timide, seul, sans maître, il s'est mis en route à vingt ans et a toujours poursuivi son hardi pèlerinage sans jamais regarder en arrière. Gai compagnon et voyageur intrépide, dès qu'il s'est senti homme, il a dit adieu au monde réel et s'est élancé à la poursuite de l'invisible, le front serein, le visage souriant, l'œil fixé sur une étoile lumineuse. Depuis lors jamais son courage ne s'est démenti, jamais son pas ne s'est ralenti, jamais ses jarrets nerveux n'ont donné signe de fatigue, et il a continué à s'avancer d'un pied sûr au travers de tous les obstacles, les mesurant à peine pour les franchir d'un seul bond.

Qu'on ne voie pas dans nos paroles un éloge banal jeté à tout hasard à la tête d'une célébrité naissante. Nous savons aussi bien et mieux que personne, pour avoir étudié de près les essais les plus audacieux du jeune artiste, tout ce qui lui manque encore pour pouvoir être classé dès aujourd'hui parmi les maîtres. Les grandes qualités que nous remarquons en lui et sur lesquelles nous voulons attirer l'attention du public ne nous ont pas aveuglé sur ses défauts, et nous croirions manquer à un devoir sacré en ne les signalant pas du même coup. Mais nous savons aussi que n'ayant jamais puisé à d'autre source qu'à celle de l'inspiration personnelle, et réduit à tirer tout de son propre fonds, il a eu à vaincre des difficultés inouïes et inconnues à ceux qui ne suivent que les sentiers battus.

Il y a dans ce talent primesautier, éclos spontanément et d'un seul jet, une telle puissance jointe à une telle fécondité, une telle hardiesse de conception jointe à une telle facilité d'exécution, qu'il semble qu'aucun genre ne lui soit interdit. Déjà nous l'avons vu cent fois aborder avec même succès le fantastique et le réel, la vérité moderne et l'idéal de tous les temps et de tous les rêves. Chose rare, et qui dénote chez un artiste un esprit d'une trempe singulière, chez lui la rigueur de l'observation des choses prises par leur côté positif et matériel n'exclut en rien l'élévation et la richesse du sentiment poétique. Dès qu'un genre ou qu'un sujet quelconque l'attire, il s'en empare, se l'approprie, se l'assimile et résout en se jouant le magnifique problème de l'individualité dans l'universalité.

Sans doute la forme dans cet amas déjà si considérable d'œuvres aussitôt exécutées que conçues est encore loin d'être entièrement irréprochable; mais si l'imperfection de ce certains détails nous choque, n'oublions pas que Doré s'est improvisé peintre, et qu'il s'est imposé au public à un âge où les autres étudient. Il serait d'autant plus injuste de lui faire un crime de ne pas posséder à fond tous les secrets techniques de son art que la rapidité merveilleuse avec laquelle il opère n'a pu lui laisser le temps de se pénétrer complétement de toutes les ressources du métier. Quand on a déjà ce qui ne s'acquiert pas, le reste ne se fait pas longtemps attendre. Examinez attentivement la plupart des œuvres exposées par les peintres français au Salon de cette année, surtout par les inconnus d'hier, une chose vous frappera : c'est que dès leur première toile, tous ou presque tous sont déjà aussi forts que leurs maîtres sous le rapport de l'exécution et des procédés matériels. Allez au delà vous ne trouvez plus rien. Tous se sont dit que pour écrire il fallait d'abord apprendre à écrire, ce qui est fort juste; mais en étudiant la grammaire, ils se sont endormis sur la syntaxe.

Poussée trop loin, l'éducation artiste des apprentis **peintres** comme des apprentis poëtes a plus d'inconvénients qu'on ne pense. Si, avant de produire, on voulait tout savoir, on ne produirait jamais rien. A moins d'avoir de soi une opinion par trop avantageuse, il est évident pour tout le monde qu'à quelque point qu'on soit parvenu, il y a toujours à apprendre. Mais il y a quelque chose de plus grave, c'est qu'à force d'étudier les modèles sans rien produire spontanément, on arrive à ne plus voir que ce que d'autres ont entrevu, et ne plus faire que ce que d'autres ont tenté, et à laisser tarir en soi le germe de l'inspiration personnelle. On ne crée pas à tout âge ; passé une certaine limite, les facultés de la production trop négligées se dessèchent, et quand la source en est tarie, il ne faut plus penser à la faire jaillir de nouveau. L'inspiration veut être saisie au vol. C'est une déesse capricieuse qui ne fait qu'apparaître et qui ne revient pas.

Loin de chercher à régler et à comprimer du même coup, par une longue et puérile imitation des grands maîtres, la séve de cette imagination luxuriante qui ne connaît pas de bornes, Doré a tout d'abord laissé produire à un terrain encore inculte tout ce dont la nature y avait déposé le germe, l'ivraie comme le bon grain. De là cette végétation effrayante, d'une beauté âpre et sauvage, due à un sol d'une richesse inépuisable, et dont nous sommes loin de connaître toutes les ressources. C'est ce sol qu'il s'agit aujourd'hui de défricher, et nous croyons que désormais la tâche sera facile.

Valait-il mieux, dès le principe, dissimuler artificieusement les défauts, faire ressortir les qualités, et mettre le tout en coupe réglée, suivant le mode classique, religieusement suivi à l'École des beaux-arts ? — « Comparez, dit Victor Hugo, comparez un moment au jardin royal de Versailles, bien nivelé, bien taillé, bien nettoyé, bien ratissé, bien sablé, tout plein de petites cascades, de petits bassins, de petits bosquets, de tritons de bronze folâtrant en cérémonie sur des océans pompés à grands frais dans la Seine, de faunes de marbre courtisant les dryades allégoriquement renfermées dans une multitude d'ifs coniques, de lauriers cylindriques, d'orangers sphériques, de myrtes elliptiques, et d'autres arbres dont la forme naturelle, trop triviale sans doute, a été gracieusement corrigée par la serpette du jardinier ; comparez ce jardin si vaste à une forêt primitive du nouveau-monde, avec ses arbres géants, ses hautes herbes, sa végétation profonde, ses mille oiseaux de mille couleurs, ses larges avenues où l'ombre et la lumière ne se jouent que sur de la verdure, ses sauvages harmonies, ses grands fleuves qui charrient des îles de fleurs, ses immenses cataractes qui balancent des arcs-en-ciel !..... Choisissez du chef-d'œuvre du jardinage ou de l'œuvre de la nature, de ce qui est beau de convention, ou de ce qui est beau sans les règles, d'une littérature artificielle ou d'une poésie originale ! »

Du reste, parler aujourd'hui de Gustave Doré, c'est

presque anticiper sur l'avenir ; car c'est entretenir le public d'un peintre qu'il croit connaître, et qu'en réalité il ne connaît pas. Les dessins qu'il livre avec une prodigalité insouciante à la publicité quotidienne ne donnent qu'une idée incomplète de son talent acquis et des tendances qu'il aspire à réaliser. Aussi, les trois principaux recueils qu'il a illustrés, *Rabelais,* les *Contes drôlatiques* et le *Juif-Errant,* n'ont-ils été compris et appréciés à leur juste valeur que par un nombre d'amateurs assez restreint. Le public, tout intelligent qu'on veut bien le supposer, demande à réfléchir longtemps avant de se prononcer ouvertement en faveur des novateurs. Il est routinier par nature, et, depuis que le monde est monde, les révolutions de toute espèce lui font toujours peur. Comme M. Prudhomme, qui personnifie assez bien la prétendue sagesse des nations, il pense que le mieux est l'ennemi du bien, et les plus merveilleuses découvertes le trouvent défiant. Ce bon public est un peu de la race de ces paysans de je ne sais quelle province qui se mettaient à l'affût derrière un buisson en attendant une locomotive pour lui courir sus à son passage, et l'arquebuser d'importance comme une bête malfaisante. En raison de ce formidable entêtement, quand une fois on l'a de son côté, on peut compter sur un attachement de Vendéen pour une cause dont il fait la sienne propre. Nous connaissons de vieux partisans de l'école de David et des serviteurs de l'ancien régime, gens très-estimables au demeurant, pour qui la révolution politique comme la révolution littéraire sont encore non avenues, et qui ne demandent qu'à mourir dans l'impénitence finale.

Depuis qu'il s'est improvisé peintre, Doré a abordé avec une audace toute juvénile presque tous les genres de peinture connus, et nous cherchons en vain où il a pu échouer. Il a débuté par la caricature, et lui a donné une importance qu'elle n'avait jamais eue, en alliant à la verve la plus bouffonne la satire philosophique et morale : c'est ainsi que plus tard il a donné aux plus simples *joyeusetés* de Rabelais, en les transformant par une création nouvelle, une puissance incroyable. Dans le genre fantastique et dans le genre moyen âge, il a trouvé d'intuition des veines encore inexplorées qu'il a développées avec une richesse d'imagination comparable à un torrent dont rien ne peut arrêter les ondes sans cesse renaissantes. Dans le paysage, il a interprété la nature d'une façon à la fois sincère et grandiose dont nous parlerons en temps et lieu. Dans la peinture d'histoire proprement dite, nous connaissons de lui un *Rizzio assassiné aux pieds de Marie Stuart,* qui est un chef-d'œuvre de composition dramatique et de coloris. Mais le genre qu'il semble affectionner le plus est un genre entièrement nouveau, et dans lequel il se montre encore plus créateur que dans les autres. Faire pour la peinture ce que Balzac a fait pour le roman, substituer aux couleurs fausses ou usées de la sentimentalité banale les couleurs vives et toutes nouvelles de l'observation analytique appliquée aux personnages de la comédie humaine dont nous sommes les acteurs principaux ou les comparses, peindre la société moderne telle qu'elle est, dans sa beauté comme dans sa laideur, prendre le côté le plus élevé du réalisme en tenant à la main le fouet sanglant du moraliste, mettre à nu le cynisme qui se cache trop souvent sous le voile menteur des élégances douteuses de la vie au grand jour, introduire le scalpel dans toutes les plaies, exalter les traits d'héroïsme, et flétrir en les mettant au pilori de la conscience publique la dépravation sociale et les saturnales du vice, tels sont les éléments nouveaux qu'il veut mettre en œuvre et utiliser à son profit. Ce n'est pas tout que de les avoir rassemblés, il faut encore les faire admettre, et ce sera difficile, aujourd'hui surtout que les professeurs d'esthétique, plongés dans les théories spiritualistes, refusent obstinément, au nom de principes réputés éternels, d'admettre autre chose que l'*immuable*, et le personnifient dans ce qui a cessé de vivre. Et pourtant, nous croyons bien, en attendant que l'expérience le démontre, que c'est à cette source vivifiante d'observation et d'analyse, et non ailleurs, que l'art contemporain va bientôt se retremper. Reste à savoir comment le programme que M. Doré s'est imposé sera rempli, et c'est ce que nous n'avons pas à développer aujourd'hui, puisque ses tentatives audacieuses ne se sont pas encore produites hors de son atelier.

La *Bataille d'Inkermann* est le premier essai sérieux de Gustave Doré dans la peinture des batailles. Ce travail prodigieux, accompli en deux mois avec une facilité surprenante, le place d'emblée au-dessus de tous les peintres officiels qui ont fait de ce genre de peinture un commerce si lucratif. En acceptant une commande aussi importante, l'artiste sentait qu'il y allait de son avenir de faire quelque chose qui eût assez de nouveauté et d'originalité pour fixer sur lui tous les regards, et assez de puissance pour que nul de ses rivaux ne pût se flatter de l'avoir emporté sur lui. Le résultat prouve abondamment que la tâche n'était pas au-dessus de ses forces.

Méprisant avec raison le poncis traditionnel des batailles à la mode, dont les toiles d'Horace Vernet sont le type achevé, G. Doré a fait de son tableau, non pas une galerie exclusivement réservée à un pompeux état-major, mais une véritable bataille de soldats, où tous ceux qui ont concouru à la victoire ont leur place. L'action s'y dégage avec une netteté admirable et une vérité locale que les principaux acteurs et spectateurs du drame ont été les premiers à louer. Le grand écueil des compositions de ce genre est dans la difficulté d'allier dans une mesure convenable le fait réel tel qu'il s'est passé, et qu'il est constaté dans le bulletin officiel et les éléments nécessaires à la production des œuvres de pure imagination. Satisfaire à la fois l'historien et le poëte est, en fait d'art, une besogne épineuse, et dont un peintre médiocrement doué ne s'acquitte jamais qu'à moitié. Nous ne croyons pas nous aventurer en affirmant que M. Doré y a satisfait aussi pleinement qu'il était permis de l'espérer.

La composition de ce tableau est à la fois très-simple et assez compliquée : simple, en ce qu'on embrasse facilement l'ensemble d'un seul coup d'œil ; compliquée, en raison des éléments multiples qui y concourent. Au fond, sur un ciel grisâtre, on aperçoit les ruines d'Inkermann, qui découpent sur la falaise leur silhouette pittoresque, et le commencement de la vallée de la Tchernaïa. Au centre, les tirailleurs indigènes, sous les yeux du colonel Wimpffen, escaladent la redoute des sacs à terre, à quelque distance des généraux Canrobert, Bosquet, d'Autemare, du colonel Cornéli, des commandants Leroy et Ballant, et du sergent Lostange, porte-fanon. Au-dessous de la redoute, la ligne anglaise et les gardes de la reine se sont frayé à travers les Russes un large chemin couvert de morts et de blessés. A droite, sur le premier plan, les zouaves, sous la conduite du commandant Du Bos, accourent en toute hâte pour prêter main-forte aux Anglais.

C'est sur la redoute, emportée à la pointe de la baïonnette par nos tirailleurs algériens, qu'a lieu le plus fort de l'action. C'est là qu'au milieu des tourbillons de fumée on suit de l'œil une de ces effroyables mêlées que Salvator aimait à retracer. C'est là que dans un vague plus effrayant que la réalité, Français, Anglais et Russes se pressent, se heurtent, s'étouffent, se culbutent, s'étreignent corps à corps et se disputent le terrain pied à pied. Les pioches et les haches remplacent au besoin les sabres ébréchés et les baïonnettes faussées, et quand on n'a aucune autre arme sous la main, chaque soldat prend son ennemi à la gorge. Les rangs, plusieurs fois entamés, s'ouvrent, se referment et s'entr'ouvrent de nouveau. C'est la bataille antique avec toutes ses fureurs, le combat épisodique et individuel, où chaque homme lutte contre un homme. Les derniers venus marchent sur un terrain jonché de cadavres affreusement mutilés, qui, presque tous, appartiennent aux Anglais. Un vif rayon de soleil se glisse dans la gorge où les blessés sont entassés pêle-mêle, et vient éclairer d'une lumière abondante des épisodes extrêmement dramatiques et très-habilement groupés. Ceux qui ont encore un souffle de vie se redressent au milieu des morts pour exciter de la voix et du geste ceux qui arrivent et qui n'ont pas encore combattu. Il y a dans ces groupes désunis une foule de détails admirablement rendus et quantité d'études d'une beauté et d'une force inouïes.

Mais c'est surtout dans la charge des zouaves, au premier plan, qu'éclate dans toute sa vigueur le côté le plus caractéristique du talent de Gustave Doré. Si M. Doré n'a pas fait de l'uniforme du troupier et de son fourniment une étude aussi approfondie et aussi méticuleuse que M. Vernet et ses imitateurs, quelle revanche il sait prendre sur le côté humain du soldat ! Ceux qui cherchent le trompe-l'œil et l'apparence extérieure ne trouveront peut-être pas ici leur compte, car l'observation intime et approfondie y tient infiniment plus de place que les accessoires. Le zouave, naturalisé français, est aujourd'hui le premier soldat du monde pour l'attaque ; c'est lui qui a hérité de la *furia francese* qui fit la gloire de nos pères. Aussi voyez avec quelle gaieté, quel entrain, quelle insouciance héroïque l'artiste n'a pas craint de les conduire au feu. Cette poignée d'hommes placés au premier rang marche à une mort presque certaine sans paraître avoir conscience du danger. Chacun d'eux se distingue par un caractère différent et profondément accentué. Ils sont tous là à leur poste, ces mauvais garçons des faubourgs parisiens, depuis l'hercule aux formes athlétiques jusqu'au *pâle voyou* qui n'a que son uniforme et sa peau, lançant un joyeux refrain et bondissant dans les broussailles comme des lions déchaînés. Sous chaque vêtement, il y a un corps largement indiqué que les plis de la veste ou du pantalon militaire mettent en relief, et les visages sérieux ou gouailleurs accusent non-seulement les types et les physionomies, mais aussi les tempéraments les plus divers.

Bien que le tableau de M. Doré comme celui de M. Yvon n'ait pu être terminé à temps pour figurer à l'ouverture du Salon, nous sommes persuadé que ce retard malencontreux ne nuira pas au succès qui lui est dû. Tous les gens impartiaux pour qui l'extrême jeunesse d'un peintre n'est pas une cause de défiance et de doute reconnaîtront sans peine que la *Bataille d'Inkermann* est un tableau composé avec une rare habileté, d'une exécution large et hardie, où la couleur seule pourrait avoir plus d'éclat et d'énergie, d'une richesse, d'une abondance et d'une variété de détails dont rien n'approche, et qui a le grand mérite de l'exactitude et en même temps de l'originalité la plus complète.

L'exposition de 1857 fera époque dans la vie de Gustave Doré. Comme dessinateur, il avait déjà fait ses preuves; désormais, il va prendre rang parmi les peintres. Opérant pour la première fois dans un genre qu'il n'avait pas encore abordé, il a eu à lutter avec des obstacles de toute sorte dont le principal était la forme de sa toile qui lui était rigoureusement imposée, et qui, en rétrécissant l'action, le forçait à superposer ses plans de la manière la plus défavorable. Malgré ces difficultés qu'il fallait avant tout surmonter, il a su créer en un temps très-limité une des œuvres les plus dignes d'estime que la peinture de batailles ait produites depuis longtemps. Ou nous nous trompons fort, ou, avec les prodigieuses ressources dont il dispose, avec le travail libre, indépendant et original que nous lui connaissons, et surtout avec ses tendances non équivoques à se faire l'interprète des mœurs, des sentiments et des idées de l'époque actuelle, M. Doré ne tardera pas à se faire reconnaître pour un des premiers, sinon pour le premier peintre de la seconde moitié du xixe siècle.

VI

LA PEINTURE DE BATAILLES
(SUITE.)

MM. YVON, PILS, PROTAIS, ANDRIEUX, HERSENT, ARMAND-DUMARESCQ, HORACE VERNET, BELLANGÉ, GIGOUX, ETC.

PEINTURE OFFICIELLE : MM. MULLER, DUBUFE, ANTIGNA, LAZERGES, ETC.

———o◇o———

M. Yvon, chargé de peindre la prise de la tour Malakoff, a dû se trouver tout d'abord dans un grand embarras. Ayant à représenter un assaut, il lui fallait ou rester du côté des assiégeants, et alors il nous montrait tous nos soldats vus de dos, et leurs chefs obligés de se retourner pour faire face aux spectateurs, ou se mettre du côté des Russes, et alors il nous privait presque entièrement de la vue des ennemis et de la ville assiégée. M. Yvon a pris ce dernier parti, adopté déjà par Horace Vernet dans la *Prise de Rome*. Entre deux maux il a choisi le moindre. Cette disposition est surtout heureuse en ce que l'action n'y est pas complétement restreinte à un terrain fixe. L'œil suit dans la campagne, au delà des combattants, le développement des troupes françaises, sous le commandement en chef du général Pélissier, qui occupe, avec son état-major, le mamelon Vert, sur lequel flotte déjà le drapeau français. Le fond, très-exactement peint, nous met sous les yeux, en allant de gauche à droite, le ravin du Carénage, la vallée de la Tchernaïa, le plateau d'Inkermann, le mamelon Vert, la redoute Victoria, et au dernier plan la pointe de Balaklava.

Les peintres de batailles ne sont pas heureux. On ne peut, dit La Fontaine, contenter à la fois tout le monde et son père ; il est encore plus difficile peut-être de concilier les exigences de l'art plastique avec celles de l'art militaire. Les plus habiles y ont échoué. Aussi, dans l'impossibilité où nous sommes de tracer les règles d'après lesquelles on pourrait arriver à la perfection, si perfection il y a, en ce genre, devons-nous tenir compte à M. Yvon du talent qu'il a déployé pour satisfaire à la fois les hommes du métier et les artistes. Toutefois, nous lui adresserons un reproche qu'il avait déjà encouru dans la *Retraite de Russie*, et dont il est plus difficile à un élève de Paul Delaroche qu'à tout autre d'être exempt : sa composition est trop théâtrale. Ce n'est pas une bataille, ce n'est pas même un assaut, c'est plutôt un panorama, une sorte d'apothéose militaire, comme on en peut voir dans les théâtres du boulevard, avec accompagnement de coups de canon inoffensifs, de tourbillon de fumée et d'étendards flottants. Nous regrettons de ne pas y trouver cette vérité d'action et cette tuerie affreuse, mais réelle, que nous avons louées dans le tableau de M. Gustave Doré. C'est à peine si les assaillants éprouvent un semblant de résistance, aussi chefs et soldats sont-ils moins occupés à se battre courageusement qu'à chercher la pose et l'attitude qui conviennent à des gens qui sont sûrs d'être regardés.

M. Yvon, pour plaire à tout le monde et présenter son sujet dans tout son ensemble, a dû faire entrer une foule d'épisodes dans une toile encore peu considérable relativement à la grandeur de ses personnages, et il s'en est tiré sans trop de confusion. Il est vrai que deux ou trois hommes représentent souvent à eux seuls tout un corps d'armée, mais cela était inévitable. Le malheur est qu'une action aussi complexe manque nécessairement d'unité et surtout de clarté. Sans le secours du livret et du dessin réduit qui accompagne le tableau, le spectateur aurait peine à s'y reconnaître. Il en résulte que ce qui attire le public devant la *Prise de Malakoff* est plutôt une curiosité banale qu'un intérêt artistique.

Remarquez que tous les reproches que nous adressons au tableau de M. Yvon s'appliquent moins à l'artiste qu'au genre de sujet qui lui a été imposé. Il fallait pour le Musée de Versailles quelque chose qui fût moins une œuvre d'art qu'un tableau commémoratif d'un fait d'armes qui a déjà sa place dans nos annales historiques. Toutes les batailles qui figurent à Versailles sont dans ce cas. Quand on nous aura montré dans cette cohue de tableaux officiels, improvisés pour la plupart, une seule toile historique qui atteigne complétement son but comme œuvre d'art, alors seulement nous dirons que M. Yvon n'a pas donné tout ce qu'on pouvait attendre de lui.

Au premier plan, le colonel Collineau, entouré d'une poignée de zouaves, forme le centre de la composition. Il est de grandeur naturelle et fait face aux spectateurs. Derrière lui apparaissent, au sommet du principal talus, le général Mac-Mahon à la tête de la première division d'assaut, et le caporal de zouaves Lihaut, tenant en main le drapeau français. Entre ces deux points principaux, une escouade de sapeurs et un détachement de canonniers, conduits par le chef de bataillon du génie Ragon et le capitaine d'artillerie Crouzat, se précipitent dans la redoute à la suite du colonel Collineau, culbutent ceux qui font mine de résister et commencent à enclouer les canons. Les deux talus qui entourent celui où le général Mac-Mahon a déjà planté son épée sont escaladés tour à tour par les différents corps de troupes, tandis que le reste de l'armée alliée se développe au loin dans la campagne jusqu'aux anciennes carrières où se tient le général Bosquet, et au mamelon Vert, occupé par le général Pélissier.

Naturellement, dans une œuvre composée de tant d'éléments divers, les épisodes abondent. La plupart d'entre eux sont heureusement choisis, sauf un seul que nous nous permettrons encore de blâmer. Pourquoi M. Yvon nous a-t-il montré dans un coin de son tableau un vieux général russe essayant en vain d'arrêter la fuite de ses soldats? Outre qu'il est peu probable que les officiers russes aient été obligés de prendre leurs hommes à la gorge pour les ramener au combat, à quoi bon cet excès de chauvinisme? Si les assaillants n'avaient eu à combattre que des fuyards, quelle gloire si belle aurions-nous recueillie de la victoire?

Ces épisodes sont du reste parfaitement traités. Si les types de soldats ne sont pas aussi variés qu'on pourrait le désirer, ils ne manquent du moins ni de caractère ni d'expression. La touche a toujours cette largeur et cette hardiesse qui caractérisent le pinceau de M. Yvon. La tête du jeune officier russe qui tombe mort aux pieds du colonel Collineau est très-habilement modelée, et celle du zouave qui expire sur le drapeau qu'il vient d'arracher à l'ennemi est d'une énergie saisissante. La couleur est en général d'un ton un peu trop clair, ce qui ne permet pas de donner aux terrains un éloignement toujours suffisant, mais elle est douce à l'œil et pleine d'harmonie. C'est un genre de mérite qui apparaîtra davantage quand la toile de M. Yvon sera placée sous un jour plus égal et plus avantageux que celui qui l'éclaire en ce moment.

Entre la *Retraite de Russie* et la *Prise de Mala-*

koff, nous n'hésitons pas à nous prononcer pour le premier de ces deux tableaux. Malgré tout son savoir-faire, M. Yvon n'a pu racheter tous les défauts qui résultent de la nature même de son sujet. Son travail manque un peu de cette unité, de cette concentration qu'exige impérieusement toute œuvre d'art dont on doit embrasser l'ensemble d'un seul coup d'œil ; mais pouvait-il en être autrement ? Loin de faire un crime à M. Yvon des difficultés qu'il n'a pas surmontées, nous pensons qu'il lui a fallu un talent hors ligne pour ne pas rester au-dessous de la tâche qui lui était confiée. Si le public se montre plus sévère pour son œuvre que pour les précédentes, personne ne pourra dire qu'un autre eût fait mieux à sa place.

Il n'y a pas un peintre aujourd'hui qui sache mieux camper un troupier sur ses jambes, l'équiper, le poser à cheval ou lui faire emboucher la trompette que M. Pils. Il a déjà toute la souplesse et toute la facilité d'H. Vernet, avec bien plus de largeur et d'énergie. Il est heureux pour M. Pils qu'on ait exposé son *Débarquement à Eupatoria* près de la prétendue *Bataille de l'Alma* de M. H. Vernet ; il a tout à gagner à la comparaison. Selon son habitude, M. Vernet, sans s'inquiéter des soldats, qui deviennent ce qu'ils peuvent dans le lointain, s'est appliqué à ramener tout l'intérêt sur l'état-major. Il a fait de sa toile une galerie de portraits spirituellement peints, mais nullement une bataille. Le tout est d'une couleur presque toujours molle et qui devient aussi fausse que possible dans le paysage. M. Pils, mieux avisé, a fait en sorte que le prince Napoléon, le duc de Cambridge, le maréchal Saint-Arnaud, etc., ne captivassent pas à eux seuls l'attention du spectateur. Son débarquement est un débarquement complet, et nous sommes convaincu que, s'il eût eu à traiter une bataille, il en eût fait une véritable bataille. Sa composition est large, habilement disposée et pleine de lumière. Sa touche est brillante et facile et ses soldats marchent, agissent, font rouler les équipages avec une vérité étonnante; bref, c'est un succès complet.

M. Alexandre Protais, qui a fait en amateur la campagne de Crimée, en a rapporté des études précieuses pour un peintre de batailles. Il en connaît à fond le sol, la végétation et le climat; toutes ses vues, prises d'après nature, sont d'une fidélité minutieuse et ses souvenirs personnels, aussi exacts que les bulletins officiels, ont dû lui être d'un grand secours. Nous n'insisterions pas sur cette exactitude locale qui n'a, en général, qu'une importance secondaire, si elle était le mérite principal des œuvres de M. Protais. Mais à ces qualités s'en joignent d'autres qui ont infiniment plus de prix à nos yeux. Ce n'est pas le hasard et l'occasion qui ont fait de lui, comme de MM. Charpentier et Jumel, un peintre de batailles, c'est une vocation sincère dont ses tableaux, qui affrontent pour la première fois les regards du public, sont le meilleur témoignage. On reconnaît à première vue que c'est moins à un stratégiste qu'à un peintre que l'on a affaire.

Dans sa *Bataille d'Inkermann*, M. Protais a cherché à nous émouvoir plutôt par la masse que par les détails. L'armée russe, à peine entamée par le choc impétueux des gardes de la reine, se déroule depuis les premiers plans jusqu'aux montagnes comme un vaste champ de blé ondulé par l'orage. M. Protais n'a pas craint de nous montrer, du côté des ennemis, une résistance héroïque digne des soldats russes, plus propres à la défense qu'à l'attaque, et nous lui en savons gré. Seulement nous aurions voulu que la charge commandée par le général Bosquet tînt un peu plus de place dans le tableau. L'armée française, ayant eu les honneurs de la journée, pouvait être mise un peu plus en relief. C'est, du reste, du côté des zouaves qu'il faut surtout chercher les beautés de détail dans l'œuvre de M. Protais. De même que M. Pils, il excelle à rendre le mouvement, le geste, l'attitude du soldat français. Malheureusement la toile est placée beaucoup trop haut relativement à la grandeur des personnages, en sorte qu'à moins d'une vue privilégiée, le détail échappe presque toujours aux regards. Il faut se reporter aux tableaux intitulés l'*Attaque d'une des batteries du mamelon Vert* et *le Devoir*, pour apprécier ce côté saillant du talent de M. Protais.

Tandis que M. Protais trouve facilement l'ensemble, M. Andrieux est obligé de se rabattre sur les épisodes

partiels. Lui aussi, il connaît à fond le costume et
l'allure du troupier, et ses nombreuses aquarelles, où il
les peint isolément sous toutes leurs faces, sont peut-être
de la force de celles de M. Pils. Mais pour bâtir un édifice solide, il ne suffit pas d'employer de bons matériaux, et M. Andrieux a encore beaucoup à apprendre
avant d'avoir cette largeur de vue nécessaire à la composition d'un tableau historique. Dans son *Assaut de
la tour Malakoff*, les épisodes sont amusants et finement traités; les bonshommes sont pleins de vie, d'énergie, de naturel et de *chic;* mais la conception générale
est pauvre et sans effet, parce qu'elle manque d'ensemble. M. Andrieux est trop jeune pour que ces défauts ne
lui soient pas volontiers pardonnés. Ce n'est pas le
talent qui lui manque, c'est l'expérience.

M. Duvaux, peintre de genre, a fait un *Épisode de
l'assaut de Sébastopol* qui ne manque pas d'énergie
et d'entrain. Quant à M. Beaucé, son *Assaut de
Zaatcha* et ses *Francs Tireurs* ne sont pas infiniment
supérieurs aux innombrables vignettes dont ce peintre
a *illustré* les livraisons à vingt centimes. Sa couleur est
toujours sèche et terne, son dessin mou et indécis, et sa
composition à peu près insignifiante.

La *Prise du mamelon Vert*, de M. Hersent, élève
de M. Couture, nous sort des batailles pour nous faire
entrer de plein-pied dans l'épisode militaire, qui est
aux batailles ce que le genre historique est à l'histoire.
M. Hersent n'a nullement eu l'intention de nous donner

une idée de la prise du mamelon Vert ; tout autre fait d'armes eût aussi bien été pour lui l'occasion d'un bon tableau. Si sa toile est achetée par l'État, ce qui ne serait pas une mauvaise acquisition, elle sera plus à sa place au Luxembourg qu'à Versailles. Ses soldats sont de grandeur naturelle, ce qui ne lui a pas permis d'en introduire un grand nombre, mais ils sont largement et hardiment peints, et le peu que nous en voyons ne font pas semblant de se battre. On reconnaît facilement dans la peinture de M. Hersent l'influence de M. Couture et ses procédés habituels : une touche grasse et opulente, et des contours nettement accusés. Les débuts de M. Hersent feront honneur à son maître.

Nous regrettons que M. Armand-Dumarescq n'ait pas voulu faire, comme tout le monde, un peu d'actualité, et cela précisément parce qu'il ne peint pas la bataille comme tout le monde. Bien qu'il soit lui-même élève de Couture, il ne le rappelle déjà plus que de loin. Son *Martyre de saint André*, du Salon de 1853, sentait encore l'atelier ; sa *Bataille de la Moskowa* est d'un artiste complétement formé et sûr de lui. Son dessin correct et nerveux, son coloris brillant et incisif, qui n'a plus rien de trop empâté, de mal cuit et de rugueux, dénotent dans ses procédés nouveaux un progrès éclatant. Les cuirassiers, lancés à toute bride dans le tourbillon d'une charge impétueuse, renversent tout sur leur passage. Chevaux et cavaliers sont taillés dans le même bloc comme les centaures de

Barye. Ils ne s'arrêtent qu'après avoir culbuté la cavalerie ennemie, et dépassé depuis longtemps le but. Les balles sifflent, les sabres s'entre-choquent, et le soleil fait miroiter sur les casques et les cuirasses des rayons aigus comme le cliquetis des épées. Un épisode de la guerre de Crimée, exécuté dans un pareil style, eût été pour M. Armand Dumarescq l'occasion d'un véritable triomphe.

Les *Dernières Volontés* et la *Prise des embuscades russes*, de M. Bellangé, n'ajoutent rien à ses précédents travaux. Ce sont de jolis tableaux, élégamment peints, et qui ont, par-dessus tout, le mérite de se vendre fort cher. Mais ils prouvent une fois de plus que, comme Charlet, M. Bellangé ne peut peindre que des épisodes. La *Bataille de l'Alma*, du Salon de 1855, était intéressante par le détail, mais n'était pas à la hauteur de la peinture d'histoire; aussi est-elle déjà complétement oubliée.

Dans la peinture de genre, M. Penguilly L'Haridon s'était élevé depuis quelques années à un rang qu'il lui eût été facile de conserver. Il est fâcheux que son malheureux *Combat des Trente* détruise en partie la bonne opinion que le public avait conçue de lui. Ses Bretons et ses Anglais, avec leurs armures de carton peint, nous feront regretter longtemps sa *Vedette gauloise* et son *Binious breton*.

La *Veille d'Austerlitz* de M. Gigoux est tellement désagréable à l'œil, qu'on se dispenserait volontiers d'en parler. Il y a cependant dans cette peinture rebutante des qualités de faire peu communes et qui rendent l'œuvre digne d'être discutée. Les grenadiers impériaux sont des pantins un peu trop symétriques, mais n'en sont pas moins de solides gaillards, bien campés sur leurs jambes et taillés dans de magnifiques patrons. L'empereur, avec son visage lourdement éclairé par le reflet des torches, est de tous le plus maltraité. En somme, la *Veille d'Austerlitz* est, sinon un tableau remarquable, au moins un travail estimable, et qui paraîtrait meilleur sans le souvenir funeste des *Moissons* et des *Vendanges* des deux derniers Salons.

Nous avons encore quelques comptes à régler avec la peinture officielle, bien qu'elle n'ait avec l'art sérieux qu'une parenté assez éloignée. Il n'est pas sans utilité de voir jusqu'à quel point un peintre aussi bien doué que M. Muller peut s'égarer dans cette voie plus lucrative que glorieuse. Il est vrai que dans certains cas l'erreur peut bien être volontaire, mais elle n'en est pas plus excusable. Si nos renseignements sont exacts, l'auteur de l'*Appel des condamnés de la Terreur* n'a pas mis un empressement très-spontané à exposer sa toile représentant l'*Arrivée de S. M. la reine d'Angleterre à Saint-Cloud*, qui n'en a pas moins eu les honneurs du grand Salon. Si cela est vrai, il eût peut-être encore mieux valu ne pas la faire. Mais on ne s'avise jamais de tout.

M. Muller a été d'autant plus mal avisé de déserter

la peinture d'histoire, qui lui a valu ses plus beaux succès, qu'en abordant la peinture officielle il engageait une lutte inégale avec des peintres rompus à toutes les ressources du métier. Entre le tableau de M. Muller et le *Congrès de Paris*, de M. Dubufe fils, personne n'hésitera à se prononcer en faveur du dernier. On n'attendait pas si bien de l'un et pas si mal de l'autre. M. Dubufe a eu au moins le bon esprit de rester fidèle au genre qu'il a adopté depuis longtemps, et il a moins cherché à peindre le Congrès de Paris qu'à faire le portrait officiel des plénipotentiaires qui l'ont signé. Aucun d'eux ne songe plus à discuter les articles d'un traité ; la paix est conclue, et avant de se séparer, ils se tiennent immobiles devant le photographe assermenté qui doit nous livrer leur ressemblance garantie exacte. Ce n'est pas un tableau d'histoire aux tendances ambitieuses, c'est une simple galerie de portraits.

Le voyage de l'empereur dans les provinces inondées par le débordement de la Loire et du Rhône a donné naissance à une foule de toiles commémoratives dont l'intention vaut mieux que l'exécution. Nous avons déjà parlé de celle de M. Bouguereau. A l'exception de celles de M. Lazerges et de M. Antigna, les autres lui sont encore bien inférieures. M. Lazerges, qui a le tort de s'adonner trop exclusivement à la peinture religieuse, s'est montré ici ce qu'il est habituellement : un dessinateur savant, correct, élégant, habile à composer un tableau, mais trop dépourvu du sens de la couleur pour être jamais un peintre complet. M. Antigna a assez heureusement exploité le côté réaliste du sujet. M. Janet-Lange, l'auteur du *Néron disputant le prix de la course,* a fait du sien une grande vignette qui est plus à sa place dans les colonnes de l'*Illustration* qu'au Salon. M. Lassalle en a fait un tableau médiocre et M. Louis Moullin une image coloriée qui est loin d'avoir le mérite de celles d'Epinal.

VII

PORTRAITS.

MM. P. BAUDRY, H. FLANDRIN, BENOUVILLE, LANDELLE, AMAURY-DUVAL, RICARD, MADAME O'CONNEL, MM. WINTERHALTER, DUBUFE, ETC.

Un portrait n'est-il bon qu'à condition d'être ressemblant? ou la ressemblance n'est-elle dans le portrait qu'une chose tout à fait secondaire et sans importance?

Cette question, qui a été tant de fois agitée, et qui est encore l'objet de tant de discussions entre les artistes et ceux qui ne le sont pas, peut facilement se résoudre au moyen d'une distinction.

Quand un homme du monde fait faire son portrait, qui lui coûte ordinairement fort cher, quel est son but? Est-ce de se procurer une œuvre d'art plus ou moins précieuse, selon le nom et le mérite de l'artiste? Nullement. Son but est uniquement d'avoir une image exacte de ses traits. Si vous lui apportez, au lieu du portrait qu'il a droit d'attendre, un ouvrage remarquable au point de vue de l'art, mais où la ressemblance est reléguée au rang des accessoires, il vous dira avec raison : — Je ne vous ai pas payé pour cela.

> « Je la crois fine, dit-il,
> Mais le moindre grain de mil
> Ferait bien mieux mon affaire. »

Mais de ce que l'homme du monde se sera reconnu sur la toile comme dans une glace ou dans une bonne épreuve photographique, s'en suivra-t-il nécessairement que le but de l'art aura été atteint? Ici la question change de face.

Nous répondons, sans hésiter : Non! Car si l'on admet avec nous que l'imitation est en art un moyen et non un but, la question ne peut nous tenir un seul instant en suspens. Il y a plus, nous devons affirmer, en suivant les mêmes données, que le portrait, en tant que portrait, c'est-à-dire en tant que copie plus ou moins exacte des traits de tel ou tel individu, n'est pas, à proprement parler, une des formes de l'art. L'art, sans doute, peut y entrer pour quelque chose, comme nous allons le voir; mais le portrait tel que l'homme du monde le désire peut parfaitement s'en passer et s'en passe en effet tous les jours.

Pour savoir ce que vaut un portrait comme œuvre d'art, plaçons-nous à une époque où l'intérêt qui s'attache à la ressemblance a disparu. Je suis artiste, j'entre dans un musée ; là, deux portraits me frappent. L'un m'est signalé comme un prodige de ressemblance. Je m'approche et je n'y trouve qu'une copie pâle et inintelligente des traits d'un personnage qui m'est inconnu. Que ce soit très-ressemblant, je n'en doute pas et je n'ai pas à en juger. Mais que m'importe? Je suis artiste, l'art n'y est pas ; je passe outre.

Tout à côté, je trouve un portrait par Rembrandt. On me dit : C'est Nicolas Tulp, ou tel autre. Je n'écoute pas le nom, je me contente d'admirer. Je vois ici de la lumière, de l'éclat, du caractère, une physionomie parlante ; je n'en veux pas savoir davantage. Que les contemporains de Nicolas Tulp l'aient ou non trouvé ressemblant, ce n'est pas mon affaire. L'art est là, et c'est lui seul que je cherche.

Quand un paysage me plaît, que l'air et la lumière y abondent, que la nature y est vivante, que j'éprouve un plaisir indéfinissable à le contempler, vais-je m'inquiéter de savoir si l'artiste a fidèlement copié tel ou tel site de Suisse, d'Italie ou de Flandre? Pourvu que je sois ému, le reste m'importe peu.

En somme, des deux portraits dont nous avons parlé, l'un est un chef-d'œuvre qui commandera toujours l'admiration par lui-même, l'autre n'est qu'un semblant d'art qui aura sa valeur relative tout le temps qu'il servira de pièce justificative ou de procès-verbal, et qui, ce temps passé, ne sera plus bon qu'à jeter au feu.

Maintenant, que nous avons tâché de mettre d'accord l'artiste et l'homme du monde, avouons que tout ce que nous avons dit n'est qu'une affaire de préférence. L'art seul vaut mieux que la ressemblance seule, mais si les deux éléments s'y rencontrent, l'œuvre n'en vaudra que mieux. Si le portrait, en tant que portrait, n'a pas de valeur artistique, il peut aussi en s'éloignant de ses données primitives, ou plutôt en élargissant le cercle de ses attributions, avoir une importance réelle comme œuvre d'art. On sent bien que l'art et la ressemblance physique ne sont nullement incompatibles. Loin de là, l'art, dans la représentation d'un personnage isolé, consistera évidemment dans la liaison intime des formes matérielles et de l'être moral individuel. Ce lien, c'est l'expression qui le produit. Or, l'expression ne peut se manifester sans le secours des formes extérieures. Si donc le peintre, au lieu de se servir de formes arbitraires, emploie un type réel pour en faire sortir une physionomie complète, douée d'une expression qui lui est propre, le but de l'art sera atteint, et, en ce sens, il sera vrai de dire qu'au point de vue de l'expression et de la création des types, le portrait est, comme tout autre genre, une des manifestations partielles de l'art.

Le principal mérite d'un bon portrait consiste donc dans la difficulté d'exprimer de telle sorte la vie et l'habitude générale du modèle, qu'on y reconnaisse, pour ainsi dire, l'homme moral au travers de l'homme physique. S'il y a peu de place dans un portrait pour l'imagination du poëte, du moins la profondeur d'observation, la force d'expression, et, jusqu'à un certain point, la puissance d'idéalisation y sont des qualités nécessaires et indispensables. Si la photographie arrive à faire des portraits passables, c'est qu'elle saisit parfois avec la forme du visage une étincelle du flambeau intérieur. Nous avons vu bien des portraits où tous les traits du modèle étaient reproduits avec une exactitude rigoureuse, et qui pourtant ne ressemblaient pas, car la ressemblance qui n'est fondée que sur la dimension des lignes ne saurait en aucun cas suffire. Au contraire, il y a des portraits où la longueur et même la forme des lignes étaient cruellement maltraitées, et qui pourtant ressemblaient, car ils pensaient et vivaient de la vie même du modèle.

Croyez-vous que ce qui fait le mérite incontestable, la supériorité immense des portraits de M. Ingres, ce soit uniquement l'exactitude mathématique de tous les linéaments du visage? Non pas. Ce qu'il lui faut avant tout et surtout, c'est leur signification, leur langage muet, c'est la vie intérieure dont ils ne doivent être que le reflet. Sont-ce là des mots en l'air? Rappelez vos souvenirs de 1855. Etant donnés des traits presque vulgaires, un corps obèse et des membres trapus, forcer les spectateurs à s'arrêter devant l'expression ardente d'une volonté qui ne connaît pas d'obstacles, d'un esprit impérieux qui peut tout faire plier sous lui, voilà le problème que M. Ingres a résolu dans le portrait de M. Bertin. Et cela sans grimaces, sans tricherie, avec la plus grande sincérité. Malgré les difficultés que présentait un tel sujet, M. Ingres n'a reculé devant aucun péril. Il a tout accepté, le costume même; notre malheureux costume moderne qui, dans le modèle, offrait tant d'écueils, il l'a copié avec le plus grand scrupule; ces larges mains, aux phalanges engorgées, il n'en a pas diminué l'épaisseur d'une ligne. Ce buste large et vigoureux, il l'a penché en avant, dans une attitude où rien ne trahit la gêne; le modèle ne pose pas, il est chez lui, dans son fauteuil. Mais sans lui demander de contorsion, le peintre a su lui emprunter ce qui est caractéristique dans son expression habituelle. C'est ce caractère d'individualité que M. Ingres excelle à reproduire dans toutes les figures qui posent devant lui, et c'est ce qui en fait encore aujourd'hui le plus grand peintre de portraits de notre époque.

D'après ce que nous avons dit précédemment, on comprendra aisément qu'autant il est facile pour un peintre qui se contente de peu de produire un portrait à peu près satisfaisant, autant il est difficile pour celui qui prend l'art au sérieux de réaliser cet idéal du genre dont le portrait de M. Bertin est un des types les plus achevés. Bien des gens qui ne sont pas assez heureusement doués pour composer un tableau gagnent leur vie à ce métier, tandis que d'autres, plus scrupuleux, ont déjà composé des œuvres d'imagination excellentes avant d'oser produire un seul portrait. Aussi, voyez tous ceux qui sont exposés cette année, on peut dire d'eux ce qu'Ésope disait des langues : « C'est ce qu'il y a de meilleur et de plus mauvais. »

Parmi les meilleurs, il faut citer en première ligne le portrait de M. Beulé, par M. Baudry. Le savant archéologue, dont nous ne partageons pas entièrement les doctrines en matière d'art, comme nous le montrerons plus tard, n'a pas lieu de se plaindre de la manière dont sa physionomie vive et spirituelle a été interprétée par l'auteur du *Supplice de la Vestale*, de la *Fortune* et de *Léda*. M. Baudry a fait de lui un portrait d'autant plus flatteur qu'il est évidemment très-sincère. Les traits sont animés, le regard est vif, et toute la physionomie est parlante ; elle est surtout trop complète dans son ensemble pour ne pas être d'une ressemblance frappante. A ce propos, nous ferons remarquer qu'il est plus facile qu'on ne pourrait le croire de juger de la ressemblance d'un portrait sans connaître le modèle. Il suffit pour cela de voir si les différentes parties qui composent le visage offrent un type caractérisé. Nous ne connaissons pas M. Beulé, et cependant nous ne croyons pas trop nous avancer en affirmant que M. Baudry a parfaitement compris et traduit le caractère de sa physionomie. S'il en était autrement, l'individu qu'on nous représente aurait dû être entièrement inventé, et tous les détails de sa personne mis en harmonie par l'auteur du portrait, ce qui est peu probable. Il en est de la figure humaine comme de la nature, sous quelque aspect qu'on l'envisage, avec cette différence pourtant que le rapport est plus facile à apprécier dans un visage que dans un site. Tout, dans le monde visible comme dans le monde moral, s'enchaîne par un lien plus ou moins apparent. Altérez-en une partie, la chaîne se rompt, l'harmonie cesse, et avec elle disparaît le caractère ou la physionomie du paysage ou de l'individu représenté.

Sous le rapport de l'exécution matérielle, le portrait de M. Beulé n'est pas moins irréprochable que les meilleures toiles de M. Baudry. Le visage et les mains sont modelés dans une pâte claire et très-lumineuse; tous les tons de chair sont exacts, et les accessoires, largement indiqués, n'ont qu'une importance relative qui n'effarouche pas le regard comme dans la plupart des tableaux officiels.

On sait combien M. Hippolyte Flandrin suit de près son maître, M. Ingres. Il n'est pas bien certain que dans le portrait de madame L... il ne l'ait pas surpassé; car les portraits de femme de M. Ingres ne sont pas, à beaucoup près, ses plus parfaits. Celui de madame L... est d'une élégance aristocratique qui n'a rien de la grâce maniérée qu'une certaine partie du public admire tant dans MM. Winterhalter et Dubufe. J'en suis bien fâché pour les belles dames qui ont donné leur tête à coiffer à M. Dubufe, mais si l'on était méchant, on pourrait dire d'elles ce que M. Edmond About disait en 1855 de la femme à l'ombrelle rose, caricaturée par M. Biard : « Si un caporal de la garnison de Vincennes les rencontrait au bois ainsi peintes, il leur parlerait. » Voyez un peu à quoi l'on s'expose !

Un bon peintre est quelquefois une sorte de confesseur. Son regard inquisiteur ne s'arrête pas à l'épiderme, il va jusqu'à l'âme. Il faut avant de se livrer à lui, si l'on est prudent, ou avoir acheté sa conscience, ou être sûr de la sienne propre. M. Flandrin, après avoir étudié scrupuleusement la physionomie intime de son modèle, en a fait un type de patricienne, de femme qui a toujours vécu dans le vrai monde, et qui en emporte partout avec elle comme un parfum de bon aloi. Une sérénité douce et suave est empreinte sur ses traits, dont la beauté calme et grave inspire à la fois l'admiration et le respect. Les peintres courtisans ne sont que d'odieux imposteurs. Une reine devrait s'estimer heureuse d'être peinte de la manière dont M. Flandrin entend le portrait.

Si le modèle de M. Flandrin avait eu le droit de porter un diadème, l'artiste le lui eût fait ôter. Comme toute peinture officielle en général, le portrait officiel est la négation de l'art; on ne saurait trop insister sur ce point. Madame L... a dans sa parure des dentelles et des bijoux : il faut être en face du tableau pour se le rappeler. Au contraire, l'éclat discordant des rubans est la seule impression qui reste des portraits de M. Winterhalter ou de M. Dubufe. Ici, l'être humain est seul en relief : cette différence mesure toute la distance qui sépare l'art du métier. La jeune femme est assise gracieusement, mais sans nonchalance ; son abandon même n'exclut pas la dignité, ce qui est le signe de la véritable distinction. Ses deux bras, ramenés sur ses genoux, sont d'un galbe parfait ; l'ovale régulier de son visage est également modelé avec une délicatesse qui ne trahit jamais le coup de pinceau. La couleur est douce, calme et d'une harmonie soutenue, qui n'a rien de monotone.

Cette exquise délicatesse de touche était moins à sa place dans un portrait d'homme. Celui de M. F. de P. gagnerait beaucoup à être un peu plus accentué. Il manque de caractère et d'énergie; aussi ne soutient-il pas avantageusement la comparaison avec celui de M. Beulé, par M. Paul Baudry. Du reste, la donnée n'était pas heureuse. Le costume de magistrat se plie difficilement aux exigences de la peinture, et pour que M. Flandrin l'ait accepté, il faut qu'il lui ait été rigoureusement imposé.

MM. Amaury-Duval, Paul Flandrin et Léon Benouville ont exposé des portraits au crayon, qui sont également d'un style très-pur, mais qui, néanmoins, n'ont pas assez d'importance pour qu'il nous faille en parler longuement. Nous regrettons vivement que M. Amaury-Duval n'ait pas envoyé un pendant à l'admirable portrait de madame L. B., du Salon de 1855. Il eût été bon de pouvoir le comparer à M. Hippolyte Flandrin. Toutefois, M. Amaury-Duval n'a pas perdu son temps. Ceux qui apprécient à sa juste valeur ce talent sobre et consciencieux feront bien d'aller visiter les fresques peintes par lui tout récemment dans l'église de Saint-Germain-en-Laye. Malgré notre antipathie pour la peinture religieuse, nous devons signaler ce travail comme un des plus remarquables qui se soient produits depuis l'Exposition universelle.

Outre les dessins dont nous avons fait mention, nous avons vu, de M. Benouville, un portrait d'enfant, qui n'est pas à la hauteur des portraits de femme exposés par lui il y a deux ans. La couleur ne manque pas d'une certaine puissance ; mais pour peindre un enfant on n'est pas tenu de peindre des enfantillages. Les peintres, comme les écrivains, qui sont sérieux par nature, ne gagnent pas à se dérider en public.

M. Jalabert, comme M. H. Flandrin, réussit mieux à peindre les femmes que les hommes. Sa couleur trop molle dans le portrait en pied de M. de Belleyme, n'est qu'harmonieuse dans celui de M. B... Quant à M. Landelle, ses têtes de jeunes filles, dont nous avons déjà parlé dans un autre chapitre, sont d'une grâce et d'un naturel exquis. On y revient toujours avec plaisir.

Avec un coloris beaucoup plus intense, qui rappelle à la fois les procédés vénitiens et flamands, M. Ricard continue à faire des portraits serrés, pénétrants, incisifs, où le caractère intime du modèle ne se dissimule pas sous la préoccupation constante de la couleur.— Pour madame O'Connell, à force de vouloir être coloriste, elle ne l'est plus du tout. Son exposition de cette année fait regretter les précédentes. Le portrait de Rachel est d'une maigreur fantastique, rehaussée par des oppositions trop violentes. Ceux de madame la comtesse V... et de madame la duchesse de B. sont, dans un autre genre, aussi éloignés de la suprême distinction de M. H. Flandrin que les poupées maquillées de M. Dubufe ; elles sont d'une couleur lourde, opaque, terne, sous laquelle le dessin est complétement étouffé. Celui de M. Edmond About est encore, de tous, le meilleur. L'expression fine et moqueuse des traits du jeune auteur de *Tolla* ne disparaît pas sous des empâtements d'une rugosité féroce. Peut-être même madame O'Connell a-t-elle trop insisté sur ce côté saillant de la physionomie de M. About : l'éclat du regard et la proéminence voltairienne de la lèvre inférieure sont évidemment exagérés. Ni l'art ni M. About n'y gagnent rien. Vanter à tout propos l'esprit d'un écrivain sérieux est quelquefois de la malveillance. D'autre part, une physionomie ne saurait être complète quand on exagère à dessein un des mille aspects qu'elle peut revêtir. C'est l'ensemble, et non le détail, qui doit briller dans un portrait.

Le portrait de femme, de M. Chaplin, est d'une exécution remarquable, mais c'est trop simplement la ressemblance extérieure d'une personne que nous ne connaissons pas. Dans celui de M. G..., il y a infiniment plus d'art, et la ressemblance n'y est pas moins d'une exactitude que nous sommes en mesure d'affirmer. La tête est hardiment modelée, et tous les plans en sont énergiquement accentués. La main droite seule est un peu négligée. Ce défaut est surtout apparent quand on a vu les mains du portrait de M. Beulé.

Les élèves de M. Couture ont grandement raison de ne pas lui emprunter cette pâte écaillée et craquelée qu'il jette comme un crêpi sur le visage de ses modèles. Madame Eugène Regnier, dont nous avons admiré en 1855 une charmante étude de jeune fille, a exposé trois portraits, où le sentiment de la couleur se marie dans une juste proportion à un dessin sévère et correct. MM. Hofer et Juglar, également élèves de M. Couture; M. Maudet Saint-Remy, élève de M. E. Delacroix; M. Chrétien, élève de M. Flandrin, et quantité d'autres qu'il nous est impossible de citer, ont aussi exposé une foule de portraits qui se recommandent souvent par des qualités de premier ordre.

Grâce à Dieu, de tous les jeunes peintres dont le talent brille d'un si vif éclat au Salon de 1857, aucun n'a eu jusqu'ici la prétendue bonne fortune d'avoir à exécuter des portraits officiels. Peut-être n'est-ce pas le désir qui leur en manque, mais nous pensons que le plus grand bonheur qui puisse leur arriver, c'est de laisser le plus longtemps possible cette méchante besogne à MM. Horace Vernet, Court, Larivière, Win-

8.

therhalter, etc., qui en ont le monopole à peu près exclusif. On n'a que trop tôt d'excellentes occasions de montrer aux envieux des signes de faiblesse.

Les meilleurs portraits au pastel, à l'aquarelle et en miniature sont encore aujourd'hui ceux de MM. Galbrund et Vidal, et de madame Herbelin. Les portraitistes nouveaux dirigent plus volontiers leurs efforts du côté de la peinture à l'huile. Personne n'est moins disposé que nous à les en détourner.

VIII

LA PEINTURE DE GENRE.

GENRE HISTORIQUE : M. COMTE. — ETHNOGRAPHIE :
MM. GÉROME, VALERIO, FROMENTIN, ETC.
GENRE : MM. DE CURZON, LANDELLE, CHAPLIN, MILLET,
HÉBERT, GEFFROY, BESSON, NANTEUIL, MARCHAL,
LUMINAIS, FRÈRE, ETC.
LES NÉO-GRECS : MM. HAMON, GLAIZE, ETC.
LES INFINIMENT PETITS : MM. MEISSONIER, LASSAN,
CHAVET, FAUVELET, VETTER, ETC.

Certains tableaux qui, par la nature des sujets qu'ils représentent, semblent appartenir directement à la peinture d'histoire, rentrent, par la manière dont ils sont traités, dans la catégorie des tableaux de genre. De ce nombre sont ceux que M. Comte fond tous les ans dans le même moule. Henri III, le duc de Guise et Catherine de Médicis appartiennent à M. Comte, comme les capitaines et les robes à queue du siècle de Louis XIV appartiennent à M. Cousin. Mais entre le peintre et le philosophe-historien, il y a toute la différence du style. M. Comte écrit l'histoire comme on écrit un roman. Ses compositions tiennent le milieu entre la peinture d'histoire et la peinture de genre; ce sont à proprement parler des tableaux de *genre historique*.

Henri III visitant la ménagerie de singes et de perroquets est le type ordinaire des compositions de M. Comte. Avec plus de cachet, de caractère et de distinction, l'œuvre pourrait être séduisante, mais telle qu'elle est, avec son dessin timide et sa couleur détrempée, elle n'attire ni ne séduit. La couleur, dans *Jane Gray soutenant une discussion contre les théologiens* et *Catherine de Médicis faisant de la magie dans une chambre du château de Chaumont*, a un peu plus d'énergie sans avoir beaucoup plus d'accent. Le procédé adopté par M. Comte dans ces deux tableaux est un compromis entre les œuvres du même genre de Paul Delaroche et de Claudius Jacquand. Son plus grand défaut est encore d'être passé de mode. Sans doute il n'y a pas de mode pour ce qui est parfait, mais quand on n'est pas parfait, le seul moyen d'être quelque chose c'est de transiger avec elle.

Nous parlerons dans ce présent chapitre, faute de savoir au juste sous quelle rubrique il conviendrait de les classer, des peintures ethnographiques de MM. Gérôme, Valerio, Fromentin, de Curzon, Flandin, Tournemine, etc., qui presque toutes ont des qualités de style susceptibles de les élever à la hauteur de la peinture d'histoire. L'Orient a trouvé dans MM. Gérôme et Fromentin des interprètes capables d'en faire sentir la beauté immobile et sereine, même après Marilhat et Decamps. Rien n'est plus intéressant que de comparer aux paysages plantureux, humides et touffus des pays septentrionaux les horizons immenses, les terrains sablonneux, la lumière intense et la végétation superbe des sites africains et asiatiques. Joignez à cela les costumes riches et variés, les types étranges et inconnus, et tous ces animaux de formes bizarres, chameaux, girafes, gazelles, etc., que personne n'osait peindre avant Decamps, parce que le paysage historique en avait peur. La *Vue de la plaine de Thèbes, Memnon et Sésostris*, les *Recrues égyptiennes traversant le désert*, les *Chameaux de l'abreuvoir*, ont autant de mérite sous le rapport de l'exécution que la *Sortie du bal masqué*, et contribuent puissamment au succès de M. Gérôme. Il y a dans la *Prière chez un chef arnaute*, dont nous avons déjà parlé, autant et plus de style et surtout un style plus original, autant de pureté de dessin et d'harmonie de lignes que dans les meilleurs pastiches historiques de l'école de Rome.

Les *Marchands arabes en voyage*, de M. Fromentin, rendent à merveille l'aspect pittoresque d'une longue caravane errant un peu à l'aventure dans l'immensité nue et sablonneuse du Sahara. Cette solitude muette, où l'on entend distinctement le vol des cigognes traversant le ciel bleu, a un charme pénétrant et subtil qui est toute la poésie du désert. Le silence, dans nos campagnes fertiles, est voisin du tumulte ; là, il n'est voisin que de l'infini. « Le silence, dit lui-même M. Fromentin dans son *Été au Sahara*, communique à l'âme un équilibre inconnu; loin de l'accabler, il la dispose aux pensées légères. On croit qu'il représente l'absence du bruit comme l'obscurité résulte de l'absence de la lumière; c'est une erreur. Si je puis comparer les sensations de l'oreille à celles de la vue, le silence répandu sur les grands espaces est plutôt une sorte de transparence aérienne qui rend les perceptions plus claires, et nous révèle une étendue d'inexprimables jouissances. » Nous citons ce passage parce qu'il donne une idée de ce que M. Fromentin, écrivain distingué autant que peintre habile, a su réaliser sur la toile. On comprend, à voir ses tableaux, ce bonheur de la vie nomade sur lequel il insiste avec une certaine complaisance, et que beaucoup voudraient être à même de partager, ne fût-ce que quelques instants, sans avoir pour cela, comme un poëte de notre connaissance, l'impérieuse nostalgie de l'Orient.

MM. Eugène Flandin, Tournemine et Théodore Frère ont aussi fait de l'Orient, depuis longues années, une étude approfondie qui s'est révélée dans une foule de tableaux diversement appréciés par le public. Tous trois malheureusement ont plutôt saisi le détail que l'ensemble. M. Flandin, dans ses *Intérieurs de bazar à Téhéran*, cherche plus la décoration extérieure que le caractère intime. M. Tournemine poursuit volontiers, comme M. Ziem, l'éclat partiel des tons sur les vagues étincelantes, sur les palmiers poudreux et sur les minarets découpant dans l'azur leur silhouette blanchâtre. Quant à M. Théodore Frère, il n'a de soin qu'à faire jaillir sur la craie maçonnée des tons aveuglants empruntés à la palette de Decamps. Tous trois ont du talent, mais un talent trop partiel, qui fait regretter la grandeur majestueuse de Marilhat et le vague lumineux des déserts de M. Fromentin.

M. Valerio, comme feu Chassériau, excelle à peindre les types originaux des races exotiques. Il a rapporté de ses voyages dans les provinces danubiennes un album ethnographique et anthropologique représentant toutes les variétés imaginables de physionomies arnautes, tsiganes, anatoliennes, kurdes, syriennes, zebeckes, serbes, albanaises, etc., variétés tellement caractéristiques, que c'est à peine si le mélange des races les a modifiées ou atténuées. Les études de M. Valerio sont aussi intéressantes au point de vue artiste qu'au point de vue scientifique. Les *Musiciens tsiganes* forment un tableau de genre excellent par lui-même, à part l'intérêt qui s'attache à la conformation typique de ces visages hongrois à la peau basanée, aux yeux noirs et cerclés, au nez finement cambré, aux pommettes saillantes et aux mâchoires rétrécies. Il en est de même de ses bachi-bouzoucks, kurdes, syriens, nègres et albanais, dont le masque, tantôt noble, tantôt abject, vous regarde avec assurance ou avec dédain, du fond de quelque aquarelle superbement lavée. Dans une tête même isolée, M. Valerio sait trouver quelque chose de plus que ce que la photographie peut donner; toutes ses études sont des portraits complets.

M. Alfred de Curzon, qui fait un peu de tout comme un homme qui n'est pas encore bien sûr de ce qu'il fera, nous servira de transition pour arriver à la peinture de genre proprement dite. Chez lui, le côté ethnographique n'est qu'accessoire; il n'emprunte aux types et aux costumes que l'élément pittoresque, et en tire toujours, dans des œuvres telles que les *Femmes de Picinisco tissant*, le *Jardin du couvent*, souvenir de Tivoli, l'*Albanaise d'Athènes* et les *Aveugles grecs près d'une citerne*, un très-grand parti. Nous aimons mieux voir le jeune artiste, dont le talent est déjà très-développé, utiliser ainsi ses voyages que se lancer dans des compositions du genre de *Dante et Virgile sur le rivage du Purgatoire*, qui sont peut-être encore au-dessus de ses forces. Le magnifique passage du Dante a été faiblement interprété par lui dans ce tableau d'une couleur par trop vaporeuse et indécise, qui veut être mystérieuse et qui est plutôt terne et blafarde. M. de Curzon a sans doute voulu faire encore une tentative d'une nouvelle espèce; il fera sagement de ne pas la renouveler. La réalité lui réussit mieux que les rêves.

La *Messe à Béost*, de M. Landelle, est une des œuvres les plus sages et les plus séduisantes que la peinture de genre ait produites depuis bien longtemps. Une vingtaine de femmes agenouillées d'une façon à peu près uniforme composent tout le tableau, mais cette uniformité n'a rien de choquant. Et quelle grâce dans leurs attitudes, quelle candeur, quel recueillement, quelle foi naïve dans leurs visages purs et chastes qu'un rayon céleste illumine! Il y a de la virginité jusque dans les plis de leur costume pittoresque, disposés avec un goût exquis. Le peintre a eu l'heureuse inspiration de ne nous montrer ni l'officiant ni les détails de l'humble église villageoise; il suffisait qu'on les devinât. Toute notre attention se porte sur les modestes filles de Béost, et leur piété sincère nous enchante. Cherchez-en l'équivalent dans nos paroisses mondaines éclairées par un demi-jour mystérieux, peintes à fresque comme des musées, étincelantes de pourpre et d'or, meublées comme des boudoirs pompadour et égayées par le même orchestre profane qui soulève le soir les danseuses de l'Opéra. Ah! que M. Landelle est un habile homme de n'avoir pas installé son chevalet à Notre-Dame-de-Lorette ou à Saint-Thomas-d'Aquin !

Avec les *Premières Roses* de M. Chaplin, nous abordons sans transition un tout autre ordre d'idées. M. Chaplin aime mieux peindre des trumeaux pour les alcôves que des images de piété pour les oratoires; chacun son goût. L'art n'a pas de parti pris comme les critiques; il passe volontiers du sacré au profane. Nous qui ne nous taxons pas précisément de puritanisme, nous ferons grâce à M. Chaplin des remontrances qu'on pourrait lui faire au nom de l'esthétique et de la morale, pour avoir livré à sa muse un sujet qui n'est pas des plus austères. Nous avouerons donc sans ambages et sans pruderie hypocrite que sa jeune fille qui tient dans son giron des roses fraîchement écloses est charmante de grâce et de jeunesse. Son sein nu n'a pas les formes sculpturales des Vénus grecques, mais le sang circule frais et vermeil sous le derme transparent et rosé. Ce n'est pas la pureté des lignes, c'est la vie que M. Chaplin a voulu peindre; aussi son modèle est-il plus vivant qu'idéal. C'est la vérité crue, palpitante, et plus chaste cependant que si elle avait des voiles.

La *Jeune Fille endormie* est encore plus vivante et plus vivace, si cela est possible, que la fée printanière des *Premières Roses*. Sa joue fraîche et rougissante, modelée en pleine lumière avec une adresse merveilleuse, est charnue, veloutée et appétissante comme une pêche sur l'espalier. Heureux qui pourra y donner le premier coup de dent! Son corsage légèrement entr'ouvert dissimule habilement d'autres trésors que l'œil devine aisément sous le satin aux reflets chatoyants. Puisqu'il est entendu que le réalisme ne peut saisir qu'un des côtés de la vérité, la peinture de M. Chaplin peut se définir : le réalisme pompadour. Autant celui-là, après tout, que le réalisme obscène ou le réalisme fangeux.

Le réalisme absolu est si bien une chimère, que voilà M. J.-F. Millet, à qui toute la critique s'évertue depuis plusieurs années à faire une réputation colossale de réaliste austère, et dont le style nous paraît encore singulièrement conventionnel. Un des partisans les plus enthousiastes de M. Millet ne disait-il pas dernièrement que son *Paysan greffant un arbre*, du Salon de 1855, avait l'air d'un philosophe platonicien? Est-ce donc là du réalisme? A ce compte, nous ne voyons pas pourquoi M. Millet ne nous montrerait pas Kant ou Hegel occupé à tailler la vigne ou à planter des choux. Les *Glaneuses* qu'expose aujourd'hui M. Millet, ce sont des saintes, nous dit-on encore. Si ce sont des saintes, ce ne sont pas des glaneuses. Non, non, ne bâtissons pas si légèrement des gloires fragiles qui s'évanouissent un beau jour sans qu'on y prenne garde, après une immortalité de cinq ou six ans. Ne faisons pas de M. Millet un Lesueur réaliste. C'est tout bonnement un artiste consciencieux, qui tâche de peindre sincèrement la nature telle qu'il la voit et la sent, mais qui a encore beaucoup à faire pour arriver à la perfection. Son dessin est trop empesé et sa couleur trop terne pour qu'il faille voir dans les *Glaneuses* un type de réalité absolue. Le meilleur moyen d'empêcher son talent de se fortifier et d'arriver à la maturité, c'est de continuer à lui prodiguer des louanges exagérées qui soient de nature à lui faire croire qu'il n'a plus désormais qu'à se laisser aller. Ce sont là des piéges grossiers auxquels les artistes se laissent toujours prendre avec beaucoup plus de facilité que le public.

Ces réserves une fois faites, nous ne refuserons pas à M. Millet notre part d'éloges. Il y a certainement en lui l'étoffe d'un peintre capable de tracer dans un style élevé le panégyrique de la vie intime et laborieuse des campagnes. Sa couleur, qui ne pèche que par excès de sobriété, est d'une harmonie soutenue, et les mouvements de ses personnages, bien qu'un peu trop immobilisés, sont naturels et vrais. Ce sont là de grandes qualités, mais qui ont encore besoin d'être développées.

Les *Fienarolles de San-Angelo*, vendant du foin à l'entrée de la ville de San-Germano, sont encore une de ces peintures maladives du genre des *Filles d'Alvito* et de la *Mal'aria* de M. Hébert. Il faut nécessairement que l'auteur ait lui-même une santé déplorable pour donner ainsi à toutes ses compositions une apparence chétive, malingre et souffreteuse. On nous a montré l'autre jour M. Courbet; voilà un homme qui se porte bien! Aussi voyez comme sa peinture est vigoureuse, trapue, solidement constituée! Nous ne voulons pas dire que la peinture de M. Hébert en soit plus malsaine; c'est même à sa mélancolie que ce peintre doit surtout le juste succès de la *Mal'aria*. Mais la mélancolie trop prolongée nous lasse, et les jolies filles du royaume de Naples n'en seraient pas moins poétiques pour être présentées sous un aspect moins lugubre.

Que M. Geffroy, de la Comédie-Française, connaisse

à fond son Molière, voilà qui ne devait étonner personne ; mais tout le monde ne savait pas qu'en lui le comédien intelligent est doublé d'un peintre expérimenté. M. Geffroy a fait un tableau où tous les personnages des comédies de Molière, revêtus du caractère et du costume qui leur est propre, viennent poser sans s'en douter sous les yeux de l'auteur du *Misanthrope* et du *Tartufe*. Une fois maître de son sujet, M. Geffroy n'a pas cherché à faire de la réalité. Dans une œuvre de ce genre, le meilleur était de se placer en pleine convention et de ne pas varier d'une ligne. Ce parti lui a réussi. Sa composition est ingénieuse, élégamment dessinée et d'une couleur suffisante pour l'ensemble, quoiqu'elle puisse paraître un peu pâle en détail.

Une page d'un des meilleurs livres de M. Arsène Houssaye a servi de texte au tableau de M. Besson, intitulé l'*Enfance de Grétry*. « Armé de son petit instrument, il faisait sauter la jeunesse dans l'auberge de son père, Noé Grétry, ce qu'apprenant, son oncle le curé vint le sermonner : —Ah! mon cher enfant, lui dit-il, dans quel enfer vous vivez ! » Le fait est que l'auberge du bonhomme Noé est un véritable enfer, et c'est pourquoi il est peu probable que l'oncle le curé ait choisi le moment où tous les diables étaient assemblés pour venir faire de la morale à son neveu. Quoi qu'il en soit, l'*Enfance de Grétry* est une œuvre très-amusante, cavalièrement peinte, et où l'auteur a eu le talent de donner à un véritable attirail d'opéra-comique beaucoup de mouvement, de gaieté et de lumière. La peinture de M. Faustin Besson rappelle à la fois les procédés de Camille Roqueplan et de M. Maclise. Ses paysans enrubanés, ses grisettes et ses gardes-françaises attablés avec de belles dames d'une beauté peu farouche, forment un entassement de personnages comparable à la *Fête de Noël dans le manoir du Baron,* ouvrage du peintre anglais que nous venons de citer, mais avec plus d'harmonie dans la composition et une couleur qui n'est jamais criarde.

M. Célestin Nanteuil n'a peut-être pas évité avec assez de soin ce papillotage de couleur dans son *Don Quichotte,* enfermé comme un animal forain dans une cage d'osier, et essuyant avec un sang-froid digne du dernier des paladins les quolibets des jolis minois qui se pressent curieusement autour du véhicule grotesque qui lui sert de prison. C'est là, du reste, le seul défaut d'une œuvre étincelante d'esprit et de verve.

La *Fête de la Mère,* de M. Marchal, est peut-être supérieure, comme faire, au *Retour du Bal masqué* du Salon de 1855, mais une peinture si mâle, si franche et si distinguée ne serait que plus en relief dans une œuvre de plus d'importance. M. Marchal est un praticien de la force des Belges. Ses chairs comme ses étoffes sont prises sur le vif; tous ses accessoires sont traités avec soin, sans trop de minutie. Le soulier de ce modèle des fils et les lunettes de la mère sont vrais à faire illusion, et n'empêchent pas de voir que le bras de l'ouvrier est solidement musclé et que le visage de la bonne vieille est plein de tendresse et de reconnaissance maternelle.

Nous n'en finirions pas s'il nous fallait analyser, même sommairement, tous les tableaux de genre dignes d'être remarqués. Soit parti pris, soit faiblesse, tous les artistes inclinent aujourd'hui du côté de la peinture de genre. C'est à elle que viennent demander leur succès, outre M. Landelle, M. Hébert, M. Roux, et tant d'autres dont les tableaux ont été classés par nous dans un ordre un peu arbitraire, une foule de peintres qui pourraient attaquer bravement la peinture d'histoire, et dont plusieurs lui doivent déjà une partie de leur réputation. De ce nombre sont MM. Lenepveu, Gendron, Hillemacher, Jeanron, Brion, Jules Didiez, etc. Est-ce crainte de leur part ou simple calcul? Peut-être n'est-ce qu'un instinct irréfléchi qui leur conseille vaguement d'abandonner, momentanément du moins, la carrière à de plus intrépides. Les temps sont tellement mauvais pour la grande peinture, qu'il faut se sentir les reins bien solides pour rester sur la brèche.

Le nombre toujours croissant des peintres bretons devient de plus en plus inquiétant. Outre MM. Luminais, Jules Noël, Antigna, Guillemin, Ch. Lefebvre, Fortin, Trayer, Servin, Penguilly, etc., qui en ont en quelque sorte le monopole, le costume armoricain tente par son aspect pittoresque une foule de débutants. En revanche, MM. Edouard Frère, Bonvin, Loire, Villain, pensent que pour rendre intéressantes leurs délicieuses petites scènes d'intérieur, c'est moins au costume qu'à l'homme qu'il convient de s'adresser. MM. Armand et Adolphe Leleux, Hédoin, Breton, Veyrassat, Laugée, Magy, qui connaissent leurs paysans comme s'ils avaient toujours vécu avec eux, les peignent plus volontiers en plein champ que dans les murs d'une cahute enfumée, et joignent à l'attrait de leurs compositions le charme encore plus pénétrant du paysage.

Citons enfin les *Arlequinades* de MM. Baron et Eustache Lorsay, les jolies berquinades de madame Browne, les excursions pittoresques de M. Ch. Giraud, les contes fantastiques de M. Maurice Sand, les rêveries funèbres de M. O. Tassaert, *Marie-Antoinette au petit Trianon*, par M. Caraud, la *Conduite des Compagnons charpentiers*, de M. Bellet de Poisat et les *Paysans de la Gallicie* dans une église du rite grec uni, œuvre qui fait certainement plus d'honneur à M. Rodakowski que ses portraits, beaucoup trop vantés.

La petite église néo-grecque, à part le schisme qui la désunit, est en pleine déconfiture. Il n'est que trop visible aujourd'hui qu'elle n'était pas née viable. M. Gérôme, qui en fut un moment le grand-prêtre, en a été le premier renégat, et son héritage fait plus que péricliter entre les mains de M. Hamon. On a fait tant de bruit autour de la ravissante idylle *Ma sœur n'y est pas*, et nous tout le premier, nous ne le dissimulons nullement, que M. Hamon en a été étourdi. S'il s'attend cette année à un pareil concert de louanges, son espérance pourra bien être déçue. Après l'avoir comparé du premier coup à Théocrite, on osera à peine désormais le comparer à Florian ou à Gessner. Non-seulement ses poupées mignonnes ont oublié le grec, mais elles ne parlent plus aucune langue qui s'adresse à l'esprit. Du reste comment parleraient-elles ? elles n'ont pas même la prétention de vivre. L'air respirable est trop fort pour leurs petits poumons ; au lieu de les fortifier il les asphyxierait net, si elles avaient la force de l'aspirer. Ce sont des joujoux très-fragiles, comme on en trouve dans les boutiques à quatre sous pour réjouir les *babys* qui ont été bien sages; mais ils ne conviennent déjà plus à une grande fille qui a fait sa première communion.

Nous avions un grand faible pour M. Hamon et nous l'aimons encore malgré ses fautes. Sans la sympathie que ses premiers essais nous ont inspirée, nous ne le tancerions et nous ne le plaindrions même pas. Mais comment peut-on arriver en deux ans à chanter si faux, quand on a fait pâmer les gens à force de mélodie? Ah ! monsieur Hamon, si vous ne pouvez pas devenir Français, pour Dieu! retournez à l'école, et rapprenez le grec.

Au moins M. Hamon a un semblant d'excuse.

Quand on a toujours vécu en pleine convention, il n'est pas étonnant qu'on s'égare. Mais pourquoi M. Glaize qui peint comme tout le monde, et tout le monde peint bien aujourd'hui, pourquoi M. Glaize veut-il à toute force nous faire croire qu'il ne sait pas peindre? Il est bien vrai que le cœur humain est un étrange problème! M. Glaize a fait une *Vente d'Amours;* le sujet n'est pas bien neuf, outre qu'il n'est pas bien étonnant. Enfin il n'y a pas grand mal à cela. M. Hamon aussi a fait une *Vente d'Amours* et M. Isambert de même, et MM. Toulmouche et Picou pareillement, sans aucun doute, bien qu'on n'en ait rien su, car cela est de fondation. C'est ainsi que jadis il fallait avoir fait un Ajax pour avoir fait quelque chose. Mais au moins ces messieurs avaient fait de ce merveilleux sujet des tableaux de chevalet, et voilà que M. Glaize le reproduit dans une toile de plusieurs mètres carrés! M. Glaize, qui mettez si volontiers les gens au *Pilori,* comme vous vous y êtes mis vous-même et de vos propres mains!

M. Droz est, dit-on, un homme d'esprit, enclin à la raillerie. Nous acceptons son *Obole à César* comme une charge des mignardises de M. Hamon. Si M. Droz a été sincère, il n'aura pas les rieurs de son côté.

Nous n'avons pas à refaire l'éloge de M. Meissonier. Il faudrait recopier ce que nous avons dit maintes fois pour montrer les qualités des neuf tableaux qu'il expose. Mais si M. Meissonier est *impeccable,* ses imitateurs ne le sont pas. Tel qui imite sa finesse passe à côté de son esprit. Plusieurs cependant marchent sur ses traces qui pourront bien un jour le rattraper. De ce nombre sont MM. Plassan et Chavet, qui ont exposé, l'un une *Indiscrète*, l'autre une **Partie de billard** et une **Partie de dominos**, qui sont des prodiges d'esprit autant que de délicatesse. L'*Indiscrète* est une délicieuse petite Marton qui lit très-attentivement la correspondance de son maître. Elle est bien jolie, la friponne, pour faire sans danger le ménage d'un garçon. Mais au fait, qu'est-ce que cela peut lui faire qu'on écrive des lettres d'amour à ce jeune homme? car évidemment il est jeune. Du reste, cela nous importe peu à nous-même; ce n'est pas à ce point de vue là que nous avons parlé de l'esprit du tableau de M. Plassan. Ce qui est spirituel, c'est la tournure, l'accoutrement et le visage de la soubrette, et surtout ce demi-jour transparent, plus indiscret qu'elle, qui court sur son visage, sur son cou et sur ses bras nus.

La peinture de M. Chavet, dans la *Partie de billard* et dans la *Partie d'échecs*, est aussi large et aussi accentuée que dans les meilleures toiles de M. Meissonier. Jamais il ne fond ses touches et ne noie ses contours à la façon des miniaturistes, ce qui donne à sa couleur beaucoup plus de caractère et d'expression qu'on n'est habitué à en trouver dans les œuvres de ce genre. —Le *Récit*, de M. Vetter, est une imitation très-gracieuse et très-fine des **Petits Flamands**; les tableaux de M. Fauvelet sont agréables, mais ne valent pas, à beaucoup près, son *Ciseleur*, qui est au Luxembourg; ceux de M. Pezous sont, pour bien faire, un peu trop secs, et ceux de M. Fichel un peu trop mous.

Dans cette avalanche de tableaux de genre qui a fait irruption au Salon de 1857, il est impossible que nous n'ayons pas commis une foule d'omissions très-regrettables. Nous en demandons pardon collectivement à tous ceux qui se trouveront lésés, et nous répéterons à leur intention ce que nous disait un peintre de nos amis, au moment du classement : « C'est vraiment désespérant de voir que tant de gens aujourd'hui ont du talent. »

IX

LES ÉTRANGERS.

MM. HOCKERT, LARSON (SUÈDE), HENNEBERG, KNAUS, ITTENBACH (ALLEMAGNE), VERLAT, JOSEPH ET ALFRED STEVENS, WILHEMS, HAMMAN, VAN SCHENDEL, ETC. (BELGIQUE), HERMANN-TEN-KATE, HEILBUTH (PAYS-BAS), ETC.

Nos lecteurs n'ont certainement pas oublié le tableau de M. Hockert, représentant un prêche dans une humble chapelle de la Laponie suédoise,—un des chefs-d'œuvre de l'Exposition de 1855. On ne croyait pas qu'il pût y avoir en Suède un peintre de cette trempe; mais l'étonnement cessa, tant nous avons bonne opinion de nous, quand on sut que M. Hockert habitait Paris. Nous regrettons de ne pas savoir dans quel atelier ce peintre a pu se former, mais il est certain que ses œuvres feraient honneur à toutes les écoles. La *Famille de pêcheurs dans la Laponie suédoise* n'est nullement inférieure au tableau qui a fait sa réputation parmi nous. Sa toile, éclairée à demi par une lumière rembranesque, a, par la manière dont le sujet est traité, autant d'intérêt que la plus belle page historique. Tandis que le père de famille, accroupi sur un escabeau, fume tranquillement sa pipe en raccommodant ses filets, sa jeune femme berce un enfant nouveau-né, couché dans une barcelonnette attachée aux solives de la chaumière. Rien de plus attachant et de plus poétique que ce modeste intérieur, dont les hasards de la tempête peuvent seuls troubler le bonheur doux et tranquille. Rien de plus suave que ce beau regard maternel qui brille dans les yeux de la mère, et où toute son âme se reflète. Si vous connaissiez les admirables dessins que Louis Richter a répandus par milliers en Allemagne, je voudrais vous y renvoyer pour vous donner une idée de cette poésie intime que rencontrent si rarement chez nous les peintres de la vie de famille. Ajoutez à cela le type ravissant de la jeune Lapone et l'originalité de son costume de laine bleue, aux broderies de diverses couleurs, rehaussé par sa gracieuse calotte rouge coquettement posée sur la tête; joignez-y le prestige d'un coloris très-harmonieux dans une gamme un peu sombre, vous ne saurez pas encore tout ce qu'un sujet aussi simple peut avoir de grandeur sous le pinceau d'un véritable artiste.

Un Allemand de la bonne souche, M. Knaus, qui s'est révélé en 1853 par le *Matin après une fête de village*, et dont le succès n'a fait que grandir à l'Exposition universelle, nous présente deux tableaux qui vont achever de le naturaliser peintre français. M. Knaus a une affection particulière pour les bohémiens. Sa palette, d'une gamme chaude et dorée, s'accommode volontiers de leur peau basanée, brûlée par le soleil et ravagée par les mille accidents de la vie en plein air. Le tableau intitulé les *Petits Fourrageurs* représente une jeune bohémienne allaitant son enfant au pied d'un arbre, à demi cachée par les broussailles, pendant que les autres fruits issus de ses vagabondages, et déjà dressés à la rapine, lui apportent des canards et autres volatiles qu'ils ont été brigander dans le voisinage. Le paysage qui accompagne cette scène rustique est ruisselant de lumière et d'un aspect assez singulier. Les feuilles des arbres sont moitié vertes comme au printemps, moitié rouges comme en automne. C'est un effet qui se rencontre assez fréquemment dans la nature, mais dont M. Knaus abuse un peu.

Le *Convoi funèbre* n'a nullement l'apparence d'un enterrement ordinaire. Supprimez la bière couverte d'un drap noir, qui s'avance lentement sur l'épaule des porteurs, vous croirez assister à la fête patronale du hameau voisin. Les jolies têtes d'enfants qui marchent en tête du cortége, sous la conduite du chantre villageois, ne portent nullement à la mélancolie, et la nature elle-même semble avoir pris un air de fête. C'est par un temps semblable que récemment nous conduisions au cimetière les deux grands poëtes que la France vient de perdre. Jadis, aux temps héroïques, la nature se fût voilé la face. On l'aurait dit, du moins, et nous savons gré à M. Knaus de n'avoir pas répété, après tant d'autres, cette méchante et cruelle raillerie. L'insensible, l'indifférente qui crée et qui anéantit tout en se jouant, contemple, spectatrice impassible, la joie et le deuil de tous ses enfants. Une mère est là qui pleure, parce qu'elle a perdu son fils : que lui importe ? Plus loin, il y a une autre femme à qui un autre fils est né. Voilà la vérité, et elle a bien aussi son côté poétique.

Parmi les peintres belges, il y en a un que ses compatriotes proclament d'une voix unanime le plus grand peintre des temps modernes; nous avons nommé M. Gallait. M. Gallait, qui se laisse volontiers mettre au-dessus d'Ingres, de Delacroix, de Cornélius et de Kaulbach, continue à bouder, et cela se conçoit. On s'habitue difficilement, quand on passe chez soi pour un dieu, à n'être chez les autres qu'un demi-dieu contesté, réduit à coudoyer les divinités vulgaires. Mais nous sommes surpris que M. Leys, qui a reçu en France en 1855 un accueil si enthousiaste, ait suivi son exemple. C'est tout au moins de l'ingratitude de sa part. Nous regrettons d'autant plus vivement cette abstention que nous avons vu dernièrement, en Allemagne et en Belgique, plusieurs toiles de ce maître beaucoup plus complètes que celles qu'il avait envoyées à l'Exposition universelle. On oublie vite en France, que M. Leys y prenne garde !

M. Verlat a découvert que des tigres et des jaguars de grandeur naturelle ne le mettaient pas suffisamment en relief, et il a résolu de frapper un grand coup. Son stratagème consistait à représenter sur une toile de grandeur inusitée deux forts percherons tirant à grand renfort de coups de fouet une énorme charretée de pierres sur un chemin cahoteux et d'une effrayante montée. En s'imposant de la sorte aux regards du public, M. Verlat a certainement réussi à attirer sur lui l'attention des visiteurs; mais nous pensons qu'il eût sagement fait de laisser à d'autres ce nouveau genre de réclame. Son tableau, réduit au quart et même au huitième, eût été, malgré son affectation de réalisme, un excellent tableau. Comme facture, l'œuvre est irréprochable : les chevaux, admirablement musclés, sont d'une puissance étonnante; la lumière, qui tombe d'aplomb sur leurs flancs lustrés, est éblouissante, et le charretier a bien la brutalité stupide des gens de son métier : on croit l'entendre jurer. Mais, pour Dieu ! à quoi bon cette taille gigantesque ? On dit que la toile et le cadre coûtent à eux seuls plus de 1,500 francs. Cela nous est bien égal, à la vérité, mais quel souverain voudra jamais faire bâtir un musée pour y loger ce colosse ? Voilà 1,500 francs qui pourront bien rester longtemps roulés dans le coin d'un atelier.

M. Joseph Stevens, dont nous admirons beaucoup l'esprit et le talent, a le tort de croire qu'on puisse charmer indéfiniment en touchant toujours la même corde. Ses chiens sont parfaitement peints et très-amusants ; mais veut-il donc nous faire croire qu'il ne sait

10.

peindre que des chiens ? Malgré toutes les intentions qu'il leur prête, ce sont toujours les mêmes animaux et le même genre d'apologues. Un premier apologue nous intéresse ; un second apologue ne nous déplaît pas, mais toujours des apologues, c'est de trop. La Fontaine n'a pas fait que des fables, et, dans ses fables, il n'a pas introduit que des chiens.

M. Joseph Stevens, comme tous les Belges, est un praticien consommé, dont la science technique n'est jamais en défaut. Pour l'exactitude matérielle, lui et son frère, M. Alfred Stevens, ne connaissent pas de maîtres. Voyez le tableau intitulé le *Chien et la Mouche* : le rayon de soleil qui tombe sur un pan de mur égratigné, d'une blancheur éclatante, est éblouissant ; la mouche qui est venue s'y fixer est vivante au point de s'envoler au premier mouvement du chien qu'elle interloque, et les accessoires de rigueur, balais, brosse, étrille, éponge, sont vrais à faire illusion. Ce n'est qu'un petit coin de la nature, mais il est admirablement observé. Il est seulement fâcheux que M. Stevens s'obstine à observer toujours le même coin.

Chez soi est, de tous les tableaux de M. Alfred Stevens, celui où cette exactitude matérielle est poussée au point le plus surprenant. C'est surtout la vérité relative des diverses parties du tableau qui nous frappe. Nous ne croyons pas avoir jamais vu un ensemble aussi parfaitement harmonique, aussi complétement exempt de la plus petite dissonance. Une jeune femme dans sa chambre, accoudée à une cheminée, et se mirant dans une glace, il est impossible de trouver autre chose dans le tableau de M. Stevens. Mais ce qui est vraiment merveilleux, c'est l'accord des divers tons dans une gamme foncée, mais transparente. Toutes les nuances y sont observées avec une fidélité que la photographie semblait pouvoir seule donner. Ce n'est pas un tableau que nous avons sous les yeux, c'est un miroir. Si jamais l'imitation parvient à se faire regarder comme le but de la peinture, *Chez soi* pourra passer pour le chef-d'œuvre de l'art.

Pour nous, qui demandons aux peintres autre chose que la reproduction exacte de la nature, et qui ne les regardons pas comme des instruments de photographie, nous préférons, malgré ses défauts, la scène intitulée *Consolation*. Le mérite d'un tableau ne consiste, à proprement parler, ni dans l'idée, ni dans les formes, mais dans le rapport de ces deux éléments. Le défaut de *Chez soi*, c'est d'être trop irréprochablement peint, eu égard au sujet qu'il représente. Chose singulière, cette admirable harmonie que nous avons remarquée dans le premier tableau de M. A. Stevens est précisément ce qui manque le plus dans le second. Les tons noirs, jaunes, blancs et roses y sont très-exacts en détail, mais leur ensemble est choquant. Cet effet sera beaucoup moins sensible à la gravure, et l'œuvre ne s'en portera que mieux.

Une jeune femme en robe blanche, d'étoffe légère,

reçoit, dans son salon tapissé en jaune, une veuve et sa fille, vêtues de robes de crêpe noir. Le deuil des visiteuses est sans doute récent, car la mère pleure silencieusement dans son mouchoir; mais, malgré le titre du tableau, la maîtresse de la maison ne paraît pas très-empressée à la consoler : elle a plutôt l'air de désirer vivement la fin d'une visite embarrassante. Le visage de la jeune fille est le seul qui soit véritablement expressif ; son profil, d'une délicatesse charmante, n'est pas défiguré, comme il convient à une douleur qui se respecte, mais cependant on sent que les larmes ont passé par là. On peut remarquer à ce propos une nuance assez délicate. Les gens *bien élevés* n'ont pas cette douleur brutalement expressive qui caractérise les gens du peuple ; ils ont trop de savoir-vivre pour cela. Sangloter n'est pas de bon goût. M. A. Stevens était trop habitué à peindre les élégances de la vie mondaine pour ne pas respecter ces petites conventions, qui peuvent être mesquines, mais qui n'en sont pas moins caractéristiques.

Comme Joseph Stevens, M. Florent Willems affectionne particulièrement les grands effets de lumière, et, plus encore qu'Alfred Stevens, il aime à faire chatoyer la soie et à chiffonner le velours. Personne ne s'entend mieux que lui à répandre des reflets soyeux, non-seulement sur les robes de satin, mais sur les meubles, sur les parquets cirés, sur les cuirs de Cordoue et sur les chevelures ondoyantes. C'est là, du reste, sa spécialité ;

car les sujets les plus insignifiants sont ceux qu'il choisit de préfence à tous les autres. Si les objets matériels pouvaient parler, ses étoffes seraient bien autrement éloquentes que les figures de ses personnages. Le visage humain est pour lui une chose tellement secondaire, qu'il ne s'inquiète même pas de donner à chacune de ses héroïnes une physionomie spéciale. C'est la même créature peu chaste qui lui sert de modèle pour toutes ses grandes dames revêtues de leurs plus brillants atours. Pourvu que ses tableaux soient propres, lustrés, coquets, le reste lui importe peu. Voyez la *Visite, J'y étais!* le *Choix de la nuance*, les *Adieux*, c'est toujours la même recherche puérile et obstinée de certains effets, dus uniquement à l'élégance et à la souplesse de son pinceau.

Tous les Belges en sont là aujourd'hui. Quand on a parlé de leur habileté pratique, on a tout dit sur leur compte. Ce sont des ouvriers d'un goût exquis plutôt que des artistes sérieux. Ils prennent par son côté le moins élevé le grand art de Van Dyck et de Velasquez. Leur art est un enfantillage amené à l'état de puissance. On appelle cela, en style d'atelier, *chercher la petite bête*. Ce n'est pas qu'elle soit bien difficile à trouver, et pourtant les Belges la cherchent toujours.

Le *Commencement de la fin*, tel est le titre un peu trivial d'un excellent tableau de M. Hamman, dans lequel il se rapproche plus qu'aucun de ses compatriotes des procédés techniques et du genre moitié léger, moitié philosophique de M. Leys. L'*Étude du blason* a plus d'analogie avec la manière de M. Edouard Frère.

M. Van Schendel nous offre de nouveaux spécimens de ses effets de lumière dont nous nous dispenserons de parler, vu leur ressemblance avec tous ceux que nous connaissons déjà. Malgré tout le talent qu'il est impossible de leur refuser, de semblables productions multipliées à l'infini deviennent aussi insipides que les éternels effets de neige du *célèbre* Malebranche. Fabriquer n'est pas créer.

La plupart des Hollandais imitent aussi volontiers M. Leys. L'*Enrôlement militaire* et les *Pêcheurs de l'île de Marken* (Pays-Bas) de M. Hermann-Ten-Kate s'en sont visiblement inspirés. Nous ne sommes pas fâché de voir M. Leys faire école, et cela d'autant moins que ses imitateurs savent garder une indépendance honorable. Nous recommandons particulièrement aux amateurs les deux tableaux que nous venons de citer; outre qu'ils sont amusants et spirituels, ils renferment de sérieuses qualités de composition et de coloris.

Le *Palestrina* de M. Heilbuth de Hambourg ressemble étonnamment au tableau de M. G. Boulanger sur le même sujet, sauf les couleurs, qui sont toutes trop vives et manquent d'harmonie. Son autre tableau intitulé *Politesse* vaut beaucoup mieux au point de vue de l'exécution, qui est aussi nette et aussi lustrée qu'une bonne ménagère hollandaise pourrait le désirer. On se mirerait volontiers devant cette toile comme devant la meilleure glace de Venise. C'est encore une fois le triomphe du procédé. Il n'y a rien à dire, les petits Flamands d'aujourd'hui ne veulent pas en démordre : sortez-les un moment de l'élément matériel, ils sont dépaysés.

Après le *Pèlerinage* de M. Spangenberg, de Hambourg, l'*Atelier de Rubens* de M. Herbsthoffer, peintre hongrois, les petits tableaux de M. Dillens, de Gand, et de M. Koller, de Vienne; après les petites images religieuses de MM. Deger et Ittenbach de l'école de Dusseldorf, il ne reste plus grand'chose à citer parmi les productions étrangères. Néanmoins, nous nous réservons de parler plus tard de celles que nous pourrons encore rencontrer et en particulier des portraits de M. Rodakowski, des paysages russes de de M. Aivasovski et des marines de M. Marcus Larson.

M. Rodolphe Henneberg, de Brunswick, est élève de Couture. Nous l'aurions pris volontiers pour un élève de Delacroix. Sa *Chasse féodale* est la meilleure traduction qu'on pusse faire de la fameuse ballade de Burger, *le Féroce Chasseur*. C'est un singulier mélange de poésie fantastique et de sauvage réalité. La moisson était mûre, les blés dorés et lourds étalaient au soleil leurs gerbes opulentes ; le vassal oubliait tous ses maux en voyant les promesses de la belle récolte.

Tout à coup descend à grand bruit du manoir héraldique le seigneur avec toute sa maison. Le cerf est entré dans le blé. La meute le suit; déjà le comte et la châtelaine vont violer l'asile ; la paysanne aux tresses blondes implore à genoux la clémence du seigneur; celui-ci d'un geste brutal fait claquer son fouet; la pauvre femme va être broyée sous le pied des palefrois des nobles libérateurs de la terre sainte.... — Ah! le beau temps que le bon vieux temps!

Aucun peintre anglais à notre connaissance n'a exposé. Tous ont réservé leurs tableaux pour l'Exposition de Londres, et nous ne leur en savons pas plus mauvais gré. L'Angleterre a trouvé un nouveau genre de peinture très-original et très-intéressant à étudier, mais que nous connaissons à fond depuis 1855, et qui n'a plus rien à nous apprendre. Il est permis à tout le monde d'admirer les peintres anglais chez eux, mais nous ne les verrions pas d'un bon œil prendre droit de cité parmi nous, surtout si quelqu'un en France devait songer à les imiter.

X

LE RÉALISME.

M. COURBET ET M. BIARD.

―――○―◇―○―――

Jamais à aucune époque la nature n'avait été regardée d'aussi près. On s'est attaché depuis quelques années à l'envisager sous toutes ses faces, avec une attention tellement minutieuse qu'elle a souvent pu paraître puérile. Les uns ont vu là un symptôme de grandeur, les autres d'abaissement et de décadence. Des deux côtés, on avait raison ; le naturalisme sincère a élargi les horizons de la peinture moderne, en écartant la convention, et en ôtant au choix des sujets une importance exagérée qui n'est pas du domaine de l'art. Au contraire, l'affectation du naturalisme en sacrifiant l'ensemble au détail, et en cherchant dans la laideur systématique un nouvel élément artistique, n'a engendré qu'une nouvelle convention désignée sous le nom de *réalisme*. Ce mot de réalisme, qui paraissait assez bien imaginé, n'a pas fait fortune. Les gens qui ont prétendu se l'assimiler nous l'ont rendu dénaturé et prostitué. Aujourd'hui il n'est plus synonyme de *vrai*, mais de *trivial* et de *faux*.

Le réalisme vrai, tel que l'entendent Troyon et Rosa Bonheur, est une des plus belles conquêtes de l'art moderne. Reproduire dans toute son intégrité le sentiment profond que la nature inspire, en rayant les petits détails calligraphiques si chers aux peintres patentés qui ont pris brevet à l'Académie, voilà son but. Tel a toujours été l'empire despotique de la routine qu'il ne nous a pas fallu moins d'un demi-siècle pour en arriver à ce point. A une époque où le paysage historique était déjà bel et bien mort, le jury annuel refusait encore régulièrement et impitoyablement les paysages de Rousseau. Barye, qui n'a jamais pris pour sculpter ses animaux les manchettes de M. de Buffon, n'a pas encore pris rang à l'Institut. Ses lions et ses tigres sont trop vivants pour entrer à l'Académie. Quand ils sauront montrer patte blanche, on leur ouvrira la porte à deux battants.

De tous les paysans du bord de la Loue, et de tous les gentilshommes campagnards des environs d'Ornans, M. Courbet, est, sans contredit, le plus fin et le plus madré. En affichant sur tous les murs de Paris sa boutique de réalisme accolée à l'Exposition de 1855, comme une monstrueuse verrue, M. Courbet était-il sincère ? Aujourd'hui, il n'est plus permis de le croire, et son bras droit, M. Champfleury, est seul condamné à rester éternellement sa dupe. M. Courbet a bien compris son siècle ; voyant qu'on ne vit plus maintenant que par la réclame, il en a fait une tellement colossale que la pareille ne se verra jamais. Comme Brutus, il s'est fait passer pour idiot, et la bonne dame Critique, indignée de tant d'extravagances, s'est mise bravement à donner de grands coups d'épée dans l'eau, tandis que M. Courbet, dans son for intérieur, riait à gorge déployée du succès de la plaisanterie.

Maintenant que, grâce à son stratagème, l'auteur des *Baigneuses* a acquis une célébrité qui n'en est pas moins incontestable pour n'être pas enviée des gens de goût, il montre que sous son épais prosaïsme il y avait l'étoffe d'un très-habile praticien. Désormais, il n'a plus qu'à se laisser aller, tout ce qu'il fera de bon sera remarqué. Ceux qui l'ont le plus vivement attaqué jadis, et nous comme tout le monde, seront les premiers à s'extasier devant ses nouvelles toiles et à le féliciter de son heureuse conversion. Peut-être l'art a-t-il été un peu fortement atteint dans sa dignité par ces ténébreuses menées, mais qui ne sait que pour arriver il faut commencer par mettre sa conscience comme ses opinions politiques, à la porte ?

Les *Demoiselles des bords de la Seine* avec leur peau huileuse et leurs mains gantées de beurre frais ne sont qu'une dernière transformation des Vénus

Callipyges du Salon de 1853. C'est la queue du réalisme bestial délaissé par M. Courbet, c'est une dernière satisfaction accordée à M. Champfleury, le portraitiste ordinaire des bourgeois de la rue aux Ours. Ces nouvelles *demoiselles* ne sont pas plus belles que les premières, mais elles ont compris que pour paraître en public, il était bon de se soumettre aux exigences du costume moderne. Cette transaction tardive ne les rend pas beaucoup plus chastes, mais elle permet au moins aux jeunes collégiens de les regarder sans rougir jusqu'aux oreilles, malgré leur posture équivoque, et les commentaires malins des femmes du vrai monde ne sont plus réduits à s'abriter derrière un éventail. C'est toujours cela de gagné. Ce tableau est du reste une pièce de circonstance. Il fait si chaud au Salon qu'on pardonne jusqu'à un certain point aux *demoiselles* de M. Courbet de se rouler sur le ventre pour trouver un peu de fraîcheur sur le gazon.

Les quolibets cessent d'eux-mêmes quand on arrive devant la *Biche forcée à la neige* et la *Chasse au chevreuil dans les forêts du Grand-Jura*. Il y a dans ces deux toiles une habileté pratique et une sûreté de main très-remarquables. La touche, sans être bien hardie, est grasse et abondante. La biche forcée se détache sur la neige aux reflets bleuâtres avec une vérité étonnante. Quand on regarde à côté de cela le *Lièvre chassé par les bassets*, de M. Rousseau, on croit voir un hanneton sur une feuille de papier.

Du reste, le *rendu* est la qualité dominante de la peinture de M. Courbet. Sa *Chasse au chevreuil*, qui est évidemment jusqu'ici son meilleur tableau, n'est pas bien habilement composée, mais la nature y est interprétée dans ses détails avec une merveilleuse fidélité. Le chevreuil pendu par la patte est bien au-dessus de tout ce que nous connaissons en ce genre, et il n'est pas certain que Troyon et Stevens aient jamais fait d'aussi magnifiques chiens que les deux bassets qui figurent au premier plan. Le chasseur au gilet rouge qui sonne du cor est aussi d'un naturel parfait, et pour un peu, le paysage qui forme le fond du tableau serait excellent. Le seul reproche qu'on puisse lui faire, c'est de manquer d'air, et où l'air ne circule pas, le paysage ne saurait être complet. A part ce défaut, qui est grand à nos yeux, la *Chasse au chevreuil* est assurément une des plus belles toiles du Salon.—Mais que de choses vous avez à vous faire pardonner, ô monsieur Courbet !

Comment se fait-il qu'on ait attendu l'apparition radieuse de M. Courbet dans la république des arts pour appliquer à la peinture le mot de *réalisme*, fraîchement inventé ? Il y a des années que M. Biard en fait, du réalisme, et du plus mauvais qui soit, je vous jure. Si vous voulez savoir quel est le succès le plus incontesté du Salon de 1857, essayez un dimanche de parvenir à examiner de près l'*Arrivée en France* ou l'*Arrivée en Angleterre*, de M. Biard. Si vous réussissez à en apercevoir seulement un pouce avant deux bonnes heures de faction, et sans être suffoqué, nous consentons volontiers à reconnaître que le peintre Biard est un artiste. Cette remarque peut nous donner la mesure du sentiment de l'art chez les masses. Heureux homme que ce M. Biard ! Il a réalisé en peinture le magnifique idéal du bourgeois de Molinchart ! Le peuple le plus spirituel de la terre éprouve un bien-être indéfinissable à se mirer et à se reconnaître dans ces odieuses caricatures dont le trivial fait tous les frais. — Qui donc a parlé de la dignité de l'art ? Tristes rêveurs, songe-creux faméliques, vous nous la baillez belle ! L'art est un miroir, demandez à M. Biard, et qui se sent morveux, qu'il se mouche !

Le plus triste de tout cela, c'est qu'il y a dans la peinture de M. Biard comme dans celle de M. Courbet, bien que dans un autre genre, de sérieuses qualités de *faire* qui ne demandaient qu'à être convenablement utilisées. Avec sa précision et sa finesse de touche, il eût pu facilement être spirituel; il a préféré être goguenard. Il a voulu sans doute, comme on le lui a souvent reproché, être le Paul de Kock de la peinture, et il est resté infiniment au-dessous de son modèle. Franchir inconsidérément les limites qui séparent les arts entre eux, c'est s'exposer de gaieté de cœur à être faux. Le roman, dont les épisodes se déroulent successivement sous vos yeux, a mille ressources dont la peinture ne saurait disposer pour atténuer certains types ou certains effets équivoques. Un tableau, au contraire, doit pouvoir se juger d'un seul coup d'œil. Il vous satisfait ou vous choque sans retour, et par malheur ce n'est pas la partie la plus intelligente du public que les toiles de M. Biard sont appelées à satisfaire ; quelquefois on en rit, le plus souvent on hausse les épaules et l'on s'éloigne avec dégoût.

A ce réalisme idiot nous préférons incontestablement le réalisme brutal de M. Courbet, même dans ses plus abominables écarts, et ceux qui nous ont fait l'honneur de nous lire en 1855 savent que nous ne sommes pas suspect de partialité à l'endroit de ce dernier. La nature vue d'un certain côté est odieuse : toute médaille a son revers. Mais l'esprit de caricature mesquine et triviale appliqué à la peinture est tout ce qu'il y a de plus abject. M. Biard est, nous n'en doutons pas, le plus honnête homme du monde, mais, nous le disons à regret, il manque absolument du sens artiste. On peut être un adorable loustic et faire de délicieux calembours sans avoir reçu du ciel aucune des facultés du poëte : M. Biard en est la preuve la plus complète.

Voici une chose qui montre bien que la réalité absolue est, en art, une insaisissable chimère. M. Courbet et M. Biard, doués chacun d'une vue, d'une intelligence et d'un organisme particulier, n'ont jamais poursuivi que le vrai : la convention, sous quelque forme qu'elle se manifestât, était leur bête noire et ils étaient bien résolus à ne lui faire aucune concession. Eh bien!

nous sommes convaincu que tous deux se trouvent réciproquement archifaux, (lequel a raison? — tous les deux), et peut-être seront-ils furieux de se voir accouplés. Aussi n'est-ce pas sans motif que nous avons voulu en parler en même temps, bien que le premier se soit considérablement amendé. Que M. Biard suive son exemple, s'il en est temps encore : à tout péché miséricorde!

XI

PAYSAGES, ANIMAUX, MARINES, FLEURS.

ACADÉMISTES ET NATURALISTES : MM. DESGOFFE, PAUL FLANDRIN, COROT, TH. ROUSSEAU, DAUBIGNY, G. DORÉ, FRANÇAIS, HÉDOIN, VEYRASSAT, JULES NOEL, GUILLAUME, CHINTREUIL, FLERS, AIVASOVSKI, LARSON, JADIN, X. DE COCK, PALIZZI, PH. ROUSSEAU, MONGINOT, SAINT-JEAN, ETC.

Nous avons dit, à propos de la peinture d'histoire, ce qu'on entend dans l'école, d'une façon absolue, par le *style*. Pour les paysagistes, avoir du style, ce n'est autre chose qu'avoir le style de Poussin.

Au point de vue de l'école académique, l'art est une religion révélée dont les adeptes peuvent à leur gré commenter les divins mystères, mais sans jamais en altérer la lettre et sans sortir des limites tracées par les initiateurs. Le libre arbitre en est exclu comme une peste et comme une hérésie, ce qui est tout un. *Magister dixit!* le maître a parlé! quiconque ne se borne pas à répéter ce qu'il a dit est un faux prophète. *Foras, canes!*

De Nicolas Poussin, le styliste ou l'idéaliste, comme

on voudra, et de Paul Potter, de Ruisdaël ou d'Everdingen, les réalistes, qui vaut-il mieux imiter? Personne. Tous sont bons parce qu'ils sont eux-mêmes : mais refaire ce qu'ils ont fait est un labeur inutile. En tout cas, le plus dangereux à imiter est certainement Poussin, parce que de tous il est le plus éloigné de la nature.

Un maître, si grand qu'il puisse être, ne doit être pour les artistes qu'un terme de comparaison. Dès que vous prenez un pinceau, c'est la nature seule que vous devez consulter. S'il vous semble que Claude Lorrain ou Hobbéma l'ont mieux comprise que vous ne pouvez le faire, demandez-leur ce qu'ils ont senti et comparez leurs impressions avec les vôtres. Mais sous prétexte que Virgile est un plus grand poëte que vous, gardez-vous de croire qu'il faille parler comme lui en latin et bégayer une langue étrangère pour apprendre à vos compatriotes que ce que vous jugez beau est le véritable beau.

Voilà cependant ce que ne manque pas de faire le disciple discret et soumis qui, plein de confiance dans les règles prétendues infaillibles de l'art académique, s'abandonne sans réserve à ce que l'on appelle pompeusement les saines doctrines. Qu'allais-je faire, se dit-il? Mettre du vert là où Poussin aurait vu du bleu! Profiler un angle là où il aurait arrondi une ligne convexe! Que penserait l'école? Et c'est ainsi que, soit faiblesse, soit lâcheté, on s'habitue à accepter sans murmure les jugements d'autrui et à poétiser d'après une règle établie, substituée d'avance aux impressions personnelles. Qu'arrive-t-il? C'est que là où la règle fait défaut, on est dépaysé. On vous a dit que les tragédies de Racine sont belles; vous admirez sans contrôle, en sorte que si quelque chose de nouveau et d'indépendant se produit, le criterium vous manque. Ce criterium doit être intérieur, ou bien il est faux pour tout le monde et pour vous. Un véritable artiste ne devrait avoir pour maîtres que la nature et que soi.

Comment ne comprend-on pas que l'individualité est de l'essence même de la nature humaine? Les hommes ne se ressemblent pas plus au moral qu'au physique, et les modes de sentir et d'exprimer sont naturellement aussi nombreux que les individus. Pour Dieu! ayez le courage de vos opinions, et soyez plutôt mauvais à vous tout seul que médiocre avec tout le monde.

Soyez persuadés que la peinture ne devient un art qu'à mesure qu'elle se dégage de la traduction uniforme, pour devenir l'expression vierge des sentiments personnels, qui varient suivant les capacités esthétiques de chacun. Si l'art pouvait avoir une formule absolue, elle serait évidemment dans la vérité absolue, et il serait absurde de vouloir lutter avec la photographie. Mais la matière n'est jamais complétement inerte. La nature n'existe pas uniquement pour elle-même, elle est la signification de quelque chose. Rien en elle n'est isolé et insignifiant, tout a un sens qu'il faut savoir comprendre. Si vous copiez servilement la matière ou un maître généralement adopté, vous ressemblez à un dictionnaire ou à une prosodie qui ne contiennent que des mots ou des exemples. Si vous êtes artiste, saisissez le sens caché, et exprimez-le à votre manière dans la langue que vous pourrez trouver : elle sera toujours bonne si vous vous faites comprendre. Il ne s'agit pas d'imiter quelqu'un ou quelque chose, mais de transformer ; il ne s'agit pas de nous faire connaître la charpente, le squelette de la nature telle qu'elle est apparue à d'autres qu'à vous qui avaient peut-être de meilleurs yeux, mais de nous communiquer les émotions intimes qu'elle vous a fait éprouver.

Quand nous nous trouvons en présence d'une toile du genre de celle que M. Desgoffe intitule *Les Fureurs d'Oreste, paysage,* nous nous demandons avec stupéfaction quel sens mystérieux les amateurs du paysage académique peuvent y trouver. Il y a dans *Robert-le-Diable* et dans une foule d'opéras, voire même d'assez mince importance, des décors beaucoup plus imposants et qui ne se composent pas uniquement des mêmes rochers de carton peint et du même temple grec qui découpe son fronton triangulaire sur un ciel éternellement pur. M. Desgoffe était né pour peindre des semblants de paysage au fond des tableaux de M. Ingres. Pour lui, comme pour toute cette école, la nature telle que nous la voyons n'existe pas, c'est une hallucination pure, ou si elle existe, elle ne vaut pas la peine d'être regardée. La mission du peintre est de la reconstruire.

Cette manière de comprendre la création leur paraît si naturelle qu'ils ne cherchent même pas à dissimuler leurs dédains. Pour arriver à la réalisation de leur idéal conventionnel, ils sacrifient tout, même la couleur naturelle des objets. Il est matériellement impossible que M. Desgoffe et ses coreligionnaires aient jamais peint d'après nature : à peine installés devant un site pittoresque, ils auraient été obligés de fermer les yeux. Voyez les arbres de M. Desgoffe quand il ose en peindre; quelle que soit leur essence et en quelque saison que ce soit, ils sont tous du même vert olivâtre. Mais rassurez-vous, on ne les emploie que le plus rarement possible, ils sont trop compromettants. Si par fortune on en hasarde un, ce n'est qu'après l'avoir proprement émondé et l'avoir dépouillé de sa physionomie originale. Quant aux ciels, ils n'ont la permission de se montrer qu'en uniforme d'outremer. Tout nuage est rigoureusement interdit comme trop séditieux. Si jamais on vient à jouer la tragédie classique en plein air, il faudra prier M. Desgoffe d'en être le jardinier-architecte. Personne ne s'entendra mieux que lui à défigurer un beau site pour le mettre en harmonie avec elle. Ce n'est du reste que par abus de mots que M. Desgoffe donne à ses œuvres le nom de paysages. *Les Fureurs d'Oreste,* en particulier, ne sont qu'un monologue de tragédie classique. Oreste se livrant à des contorsions académiques est le véritable sujet du tableau. Quant aux rochers qui l'environnent et à l'éternel petit temple grec au fronton de marbre, il ne faut voir en eux qu'une décoration de circonstance qui peut se changer à volonté.

M. Paul Flandrin, également élève de M. Ingres, est encore de ceux qui n'osent pas rendre naïvement ce qu'ils ont vu, senti, sans lui faire subir l'empreinte d'une convention de plusieurs siècles. Moins foncièrement classique que M. Desgoffe, il pense cependant comme lui que le Créateur n'a pas été toujours un ouvrier d'un goût assez sûr pour qu'on puisse s'en rapporter exclusivement à lui, et que c'est à l'école qu'il convient d'apprendre par cœur la manière de donner à son œuvre trop triviale un plus grand air de distinction. Bien que son tableau de *Jésus et la Chananéenne* ne soit pas inscrit au catalogue sous la rubrique du paysage, il rentre complétement dans les données du paysage historique, mythologique ou religieux, tel que l'entendait le célèbre peintre allemand Koch, contemporain à Rome de Cornélius et d'Owerbeck. Mais M. Paul Flandrin n'est pas tout à fait inébranlable dans la rigidité de ses principes, et il essaie de temps en temps de transiger avec le goût moderne. Malgré tout son talent, ses essais ne sont pas heureux. Il arrive un moment où il est trop tard pour rompre avec une habitude de toute la vie. On s'identifie tellement, au bout d'un certain temps, avec les choses de convention, qu'elles vous poursuivent malgré vous sans qu'on puisse jamais s'en débarrasser. C'est ce qui est arrivé à M. Flandrin. Dans *Les Bords du Rhône, Un Verger*, etc., il est visible que M. Flandrin s'est efforcé d'être simple et vrai, et qu'en dépit de ses efforts il n'y est pas parvenu. Ses arbres, ses montagnes et sa couleur en général ont toujours un air de parti pris qui vous glace et vous rend insensible aux qualités qui peuvent s'y trouver.

Entre les académistes et les réalistes, M. Corot nous servira de transition. Lui aussi, il ploie volontiers d'une manière un peu conventionnelle les ondulations des terrains et la forme des montagnes ; ses personnages sont plus souvent empruntés à la mythologie qu'au monde réel, mais chez lui ce grain de pédanterie disparaît sous le sentiment. On s'abuserait étrangement en cherchant la réalité dans les œuvres de son pinceau. Mais s'il n'a pas l'imitation, il a l'intuition, qui vaut beaucoup mieux. Personne ne voit la nature de la même manière que M. Corot, et pourtant les impressions qu'il nous communique sont bien celles que nous avons ressenties.

Si la convention doit être exclue de l'art, il n'en faut rien conclure en faveur de l'imitation absolue. L'imitation n'est pas le but de l'art, parce que la forme elle-même n'en est pas le but, mais le moyen. Et non-seulement elle n'est que le moyen, mais elle est en même temps un obstacle. Pour peu qu'on ait étudié les questions d'art, on nous comprendra facilement. Moins l'élément matériel est rigoureusement fixé, plus la pensée s'en dégage librement. Entre l'âme de l'artiste et celle du spectateur, la forme n'est que le truchement. Moins on est obligé d'employer de mots pour traduire un sentiment, plus la transmission est intègre et complète, car souvent le sens est absorbé par le mot. Au lieu d'être un sentiment, ce n'est plus alors qu'un signe, ligne ou couleur, auquel on s'arrête. C'est ce qui fait la fréquente supériorité de Corot sur Rousseau, parce que, dans le premier, le regard matériel n'étant presque jamais retenu par des objets complétement limités, l'œil de celui qui a l'intelligence et le sentiment exercés ne s'arrête pas en route et va droit au but. Quant à ceux à qui il faut tout dire, la vérité est qu'ils n'y comprennent rien ; mais ce n'est pas à ceux-là que nous avons affaire.

Pour désigner d'un seul mot ses qualités et ses défauts, la peinture de Corot est *vague*. Mais un mot vague donne quelquefois des aperçus plus lumineux qu'une accumulation de phrases dans un commentaire longuement développé. Nous en trouvons un exemple frappant dans le paysage désigné sous le nom de *Soleil couchant*. Là, comme dans ses œuvres les plus réussies, comme dans son grand *Effet du matin*, de 1855, on est tenté de se demander quelle est l'utilité de l'élément plastique en matière d'art, quand on voit ce qu'on peut obtenir avec si peu de chose, ou du moins avec si peu de recherche. Le *Soleil couchant* de Corot est à peine un tableau, c'est plutôt une impression. Plus on l'examine, plus on comprend que c'est par une étude incessante de la nature, et non par de vains efforts d'imagination et de fantaisie, qu'on arrive à de tels résultats. Est-ce à la nature ou à la fantaisie que Corot emprunte ces arbres aux formes pleines de grâce et de majesté dont les branches souples et déliées ont une légèreté aérienne, et au travers desquelles on croit voir voltiger le souffle du zéphyr? Non, la fantaisie ne crée pas de tels objets, mais elle les transforme et les anime. Si la nature ne nous apparaît pas toujours aussi saisissante que dans les tableaux de Corot, est-ce à dire qu'elle ne soit pas vraie telle que le peintre nous la montre? Après tout, la nature elle-même, comme la forme humaine, peut et veut être idéalisée. Chercher l'idéal de la nature et le trouver dans les émotions délicieuses qu'elle inspire, voilà toute la peinture de Corot.

Certes, il faut être poëte pour extraire ainsi d'un site quelconque toute la poésie qu'il contient, en savourer le suc et en laisser l'élément matériel à ceux qui ont besoin d'une nourriture plus substantielle. Mais tous les poëtes ont leurs défaillances, et plus les procédés sont hardis, plus ils sont dangereux. Le système de peinture adopté par Corot est tel que pour lui chaque défaillance est une chute profonde. Si l'expression ne règne pas en maîtresse absolue sur sa toile, comme l'imitation de la nature n'y a jamais qu'une faible place, l'indécision et la monotonie sont tout ce qui nous frappe. Il en résulte que les tableaux de Corot sont tout bons ou tout mauvais. Le *Soleil couchant, un Soir,* le *Souvenir de Ville-d'Avray, une Matinée* sont excellents ; le *Concert* et l'*Incendie de Sodome* sont détestables. Nous devons en conclure que les procédés habituels de Corot, comme ceux d'Eugène Delacroix, sont trop en dehors des règles ordinaires pour pouvoir être imités. Ce sont de purs accidents qui ont été autorisés et justifiés par un talent hors ligne, mais que personne autre qu'eux ne doit songer à s'approprier.

M. Théodore Rousseau est un de ceux qui ont le plus contribué à faire sortir le paysage moderne des données académiques, et à lui tracer la voie qu'il doit suivre. Après avoir été systématiquement dénigré et exclu du Salon annuel pendant de longues années, comme un fanatique dangereux, il jouit aujourd'hui d'une gloire incontestée. Son exposition de 1855 a été un véritable triomphe. Il a été moins heureux cette année; outre qu'il n'a pas envoyé d'œuvres capitales, celles qu'il expose ne sont pas toutes entièrement satisfaisantes. Quelques-unes sont encore d'une rare beauté ; pour d'autres, il lui arrive ce qui est arrivé plus d'une fois à M. Corot, à M. Daubigny et à presque tous les grands peintres, surtout aux paysagistes : de s'endormir sur le procédé. Toutefois, comme la nature n'est jamais pour lui un thème banal et insignifiant, on est toujours porté à l'admirer et à lui trouver de l'expression. La *Prairie boisée au soleil couchant* est un effet de crépuscule admirablement rendu. Les rayons rougeâtres qui viennent se refléter dans les marécages donnent à ce petit tableau un aspect mélancolique qui annonce l'approche de la nuit. Dans la *Matinée pendant la moisson*, les signes précurseurs de l'orage se manifestent sans affectation dans les nuages gris suspendus au ciel et dans les reflets de la prairie. Le branchage des bouleaux des *Gorges d'Apremont* est nuancé de teintes délicates et variées, mais le *Hameau dans le Cantal* est trop obscur pour être compréhensible; le *Carrefour de l'Epine au Bas-Bréan* est d'un vert trop lourd, et les *Bords de la Loire* d'un gris trop monotone. On ne saurait être parfait.

M. Daubigny est avec M. Rousseau un de nos paysagistes les plus sincères. Pour lui, sous quelque aspect qu'elle se présente, la nature est toujours assez belle et assez poétique, et il laisse aux *arrangeurs* de profession le soin de la styliser. Bien qu'il ait depuis longtemps un talent exquis, M. Daubigny continue aujourd'hui des succès de fraîche date. De ses quatre tableaux, *la Vallée d'Optevoz* est le plus saisissant. La vallée d'Optevoz est certainement un des endroits les moins remarqués de l'Isère, au point de vue pittoresque : elle a revêtu sous le pinceau de M. Daubigny un air de poésie qu'on ne lui aurait pas soupçonné. C'est un exemple des plus frappants de cette transformation que l'art fait subir à la nature en paraissant l'imiter. Voilà la vraie, la seule manière de styliser. Que nous importent des arbres, des montagnes, des ruisseaux disposés d'une manière réputée noble, et qui n'est en réalité que conventionnelle et symétrique ? Que nous importent les fabriques, les temples, les bergers arcadiens chantant sur leurs pipeaux les charmes surannés de quelque Amaryllis ? La fraîcheur du matin, le calme du soir, les émanations du printemps, toutes ces choses et mille autres, que les églogues académiques cherchent en vain à rendre au moyen de leur attirail théâtral, s'offrent d'elles-mêmes à M. Daubigny et aux gens véritablement épris de la nature champêtre, pour peu qu'en regardant ils sachent voir. Que de peintres se croient encore obligés d'aller demander à la Suisse ou à la Norwége des inspirations nouvelles ! Ils ne voient pas qu'ils cherchent en vain à dissimuler, sous la grandeur du sujet, ce qui leur manquera toujours pour être de grands artistes. La nature est la même en tous lieux : *maximè miranda in minimis.*

Nous n'appliquerons pas ce reproche à M. Gustave Doré, parce qu'il est évident que ce n'est pas pour dissimuler une faiblesse originelle qu'il a gravi, le sac sur le dos, le sommet des montagnes alpestres. C'est un instinct irréfléchi, spontané, irrésistible, qui le pousse à contempler de préférence le côté grandiose des objets.

Aussi la grandeur qu'il déploie n'a-t-elle rien de factice. Rien n'égale la majesté de ses torrents se précipitant en nappes multipliées dans des ravins hérissés d'énormes quartiers de roches, encaissés par des montagnes âpres, sauvages, dénudées, couronnées de neige ou dorées sur leurs cimes par les derniers feux du jour. La *Solitude*, le *Pâturage* et la *Vue prise en Alsace* prouvent qu'il sait encore nous montrer le soleil aux prises avec la nature la plus simple, telle que nous l'avons tous les jours sous les yeux.

M. Français, qui a aussi à un très-haut degré le talent d'être expressif et vrai, n'a guère envoyé que des effets de neige de peu d'importance. En revanche, ses scènes de la vie des champs ont trouvé dans MM. Hédoin, Breton, Baudit, Veyrassat et plusieurs autres, un écho qui s'est traduit cette année par une foule d'excellentes toiles, telles que les *Glaneuses à Chambaudoin*, de M. Hédoin, et le *Goûter à l'ombre d'une meule*, le *Berger* et les *Glaneuses* de M. Veyrassat.

M. Jules Noël est passé de Bretagne en Normandie. Son *Paysage du Pas-de-Calais* est plein de vie, plein de lumière, d'une touche élégante, harmonieuse et solide. Il est fâcheux qu'il soit si mal exposé. Le *Retour de la pêche* est plutôt, à proprement parler, un grand tableau de genre qu'une marine, car la mer n'y joue pas le principal rôle. M. Noël a parfaitement réussi à rendre le tumulte, l'agitation, le mouvement d'un port au moment où le poisson vient de débarquer.

Il y a dans les groupes de pêcheurs, dans leurs physionomies, dans leurs gestes, et jusque dans les accessoires, une vérité et une aisance qu'on ne peut trop louer. Le *Retour de la pêche* est comparable aux meilleures productions en ce genre de M. Eugène Isabey.

Un Grain dans les dunes, par M. Guillaume, les *Bords de la mer à Lockirecq* et le *Sauvetage à Guisseny*, par M. Yan'Dargent n'ont rien qui attire les amateurs du joli. Ce sont de fortes peintures, virilement peintes et pleines d'expression. La *Vue d'Édimbourg*, de M. de Mercey, offre plus d'intérêt que n'en ont d'ordinaire ces sortes de compositions. Les paysages de MM. Chintreuil, Cabat, Flers, Lambinet, Jules André, Bellel, Anastasi, Lafage, Lavieille, Hanoteau, Boulangé, Héarn, Busson, Blin, Teinturier, Chéret, etc., renferment presque tous de grandes beautés de détail que nous voudrions pouvoir apprécier plus longuement.

M. Jean Aivasovski, élève de l'Académie de Saint-Pétersbourg, a exposé une série de paysages très-curieux en ce qu'ils donnent une idée, qui nous semble fort exacte, de l'aspect que peut présenter la campagne dans les différentes parties de l'empire russe, selon la température et le climat. Les plus remarquables sont l'*Hiver dans la Grande-Russie* où l'on voit les convois d'or se dirigeant vers Saint-Pétersbourg, à travers les neiges et les glaces de la Sibérie, et les *Steppes de la Nouvelle-Russie au coucher du soleil*. Tous deux sont éblouissants, chacun à sa manière ; mais le second est surtout très-habilement composé. Le soleil couchant projette ses reflets rougeâtres sur d'innombrables troupeaux de moutons, dont les gardiens se dressent de distance en distance avec une majesté homérique.

Un autre étranger, M. Marcus Larson, élève de l'Académie de Stockholm, est le seul qui ait exposé une véritable marine. Soit que M. Gudin lui ait donné le coup de grâce, soit pour tout autre motif, la marine telle qu'on l'entendait autrefois est un genre qui tend de plus en plus à disparaître. Le tableau de M. Larson a le tort d'être d'une taille gigantesque. Une toile de chevalet nous aurait tout aussi bien appris ce qu'est un coucher de soleil sur la côte occidentale de la Suède. Toutefois, le peintre a rendu avec plus de talent que d'agrément l'aspect de la mer sur ces parages, alors que les lames agitées par la tempête se teignent vers le soir de lueurs empourprées. C'est une œuvre estimable plutôt qu'une œuvre attrayante.

M. Jadin, héritier de Desportes et d'Oudry, n'a pas su conserver pour lui seul le secret de faire d'excellents tableaux dont les chiens sont toujours les personnages principaux. MM. Mélin et Deballeroy sont déjà pour lui des concurrents redoutables. Tous deux connaissent déjà presque aussi bien que lui l'anatomie, le pelage et les habitudes de leurs héros ; le coloris seul laisse encore quelque chose à désirer.

Nous ne connaissions jusqu'ici M. Xavier de Cock, de Gand, que par quelques tableaux exposés récemment rue Laffite, chez M. Weyl. Ce peintre, qui semble vouloir marcher, de concert avec son frère, M. César de Cock, sur les traces de M. Troyon, débute aujourd'hui avec un certain éclat. Ses *Vaches dans une prairie* et ses *Vaches à l'abreuvoir* montrent qu'au rebours de presque tous ses compatriotes, il se distingue moins par le précieux et le rendu de l'exécution que par un sentiment très-vif de la nature. Sa manière est même un peu trop lâchée, et sa couleur trop verdâtre gagnera à être plus condensée.

Le *Combat de Béliers*, le *Retour des champs* et l'*Ane complaisant*, de M. Palizzi, sont comme toujours des compositions pleines de verve, dont le soleil est un des hôtes les plus assidus. Ses deux autres tableaux sont un peu trop les portraits en pied des béliers mérinos de la bergerie de Rambouillet, mais il serait à souhaiter que bon nombre de portraits officiels fussent aussi spirituellement peints.

Après les moutons de M. Palizzi on peut encore voir avec plaisir ceux de MM. Wintz, de Cologne, et Brendel, de Berlin. Quant à MM. Couturier et Salmon, on commence à se lasser un peu de leurs éternels coqs et dindons. M. Jacque, qui, outre ses admirables eaux-fortes, peint aussi les coqs et les poules comme pas un, se contente aujourd'hui, nous dit-on, du métier d'éleveur.

Il y a encore cette année dans les natures mortes de M. Philippe Rousseau des morceaux fort remarquables. Cependant, s'il n'y prend garde, il ne serait pas impossible que M. Monginot l'emportât bientôt sur lui. *Les Noces de Gamache,* de M. Monginot, sont d'une gaieté de couleur étourdissante. Ses *Jeunes Chats,* ses *Fruits et Chats,* et surtout la *Leçon de lecture,* sont peints d'abondance avec une ampleur et une certitude qui feraient honneur à la grande peinture. M. Monginot n'est pas seulement élève de Couture, il est aussi élève de Chardin.

Dans la peinture de fleurs, M. Saint-Jean n'a toujours d'autre rival que lui-même. Les guirlandes dont M. Regnier entoure le portrait de la reine Hortense, à la manière des anciens Flamands, et en particulier de Breughel, sont habilement disposées; mais M. Regnier craint à tort de donner trop d'importance à ses fleurs. Un tableau de fleurs conçu et exécuté comme ceux de M. Saint-Jean a autant d'importance qu'un paysage complet. Le sujet le plus humble, s'il est magistralement traité, l'emporte aisément sur les sujets les plus ambitieux. Il en est de l'art comme du Dieu des panthéistes, il est partout et dans tout :

Jupiter est quodcumque vides, quocumque moveris.

XII

SCULPTURE.

MM. PERRAUD, GUMERY, GUILLAUME, GRUYÈRE, LE-
QUESNE, JULES THOMAS, DAUMAS, RUDE, DURET,
AIMÉ MILLET, CALMELS, STEENACKERS, GRABOUSKI,
SCHRODER, JULES CAVELIER, CORDIER, ETEX, OLIVA.
—ABSENTS : MM. BARYE ET PRÉAULT.

A en juger par le Salon de 1857, il est évident pour tout le monde que la sculpture n'est pas en progrès. Il faut dire à sa décharge que c'est un art tellement circonscrit, tellement restrictif, tellement en dehors par sa nature et ses exigences de toute révolution artistique, que ce qu'on appelle progrès n'est guère autre chose pour elle qu'un retour plus ou moins intelligent vers l'antique. Un art ainsi immobilisé a peu de chance de plaire à une époque où le doute est plus en honneur que la foi, parce que ce qui est acquis nous lasse et que le doute fait chercher. Le peintre qui cherche réussit quelquefois à faire croire qu'il a trouvé, mais le statuaire qui doute de l'antique perd pied.

Quelle que soit du reste la cause qui empêche aujourd'hui la sculpture de prendre auprès de la peinture le rang qui lui est dû, nous sommes forcé de constater que son niveau continue à décroître. Ceux des maîtres reconnus qui ont exposé n'ont pas envoyé le meilleur de leur œuvre, et les débutants ont peine à nous convaincre qu'ils sauront un jour les égaler. Tout le monde, à l'heure qu'il est, pétrit le marbre et le bronze avec plus ou moins d'aisance et de goût, — mais on a laissé perdre le secret de passionner le public. La sculpture est devenue un passe-temps agréable, une satisfaction que les actrices même ne se refusent pas, témoin la jolie Mademoiselle Valérie, de la Comédie-Française, — mais le grand art de la statuaire s'en va. Où est le temps où David et Pradier se disputaient avec tant d'éclat des succès sans cesse renouvelés et qui faisaient époque? Où est le temps où un jeune pensionnaire de Rome encore inconnu gagnait ses éperons en un seul jour avec cette fameuse *Pénélope* que M. le duc de Luynes a refusée à l'Exposition universelle?

Il y a dans la plupart des ouvrages exposés un talent incontestable, mais ce que quelques personnes nomment *le génie* y manque absolument. Aussi est-ce à peine une profanation de les avoir fait servir à la décoration d'un jardin. C'est plutôt une punition de bon goût qu'on n'a pas eu tout à fait tort de leur infliger.

Commençons par les derniers venus. *L'Enfance de*

Bacchus, de M. Perraud[1] n'est inférieure à son *Adam* de 1855 que par la disposition. Les membres, le torse et surtout la poitrine du satyre qui élève au-dessus de sa tête le petit Bacchus, sont traités avec une science magistrale qui ne mérite que des éloges. Mais le mouvement du groupe dans la partie supérieure n'est pas heureux. L'enfant juché sur les épaules du satyre auquel il tire l'oreille en le frappant de son thyrse, outre qu'il laisse par lui-même beaucoup à désirer, produit par sa position un effet désagréable à l'œil. Si l'œuvre est exécutée en marbre, et assurément elle en est digne, le satyre sera toujours très-beau en restant tel qu'il est, mais le fils de Jupiter devra être sévèrement corrigé pour devenir supportable.

L'Enfant prodigue, de M. Gumery[2], est un groupe bien conçu et largement exécuté, qui ne pèche que par trop de rudesse. La tête du vieillard, tout en rappelant visiblement le type d'atelier dont l'école de David a fait un si grand abus, est noble et pleine de tendresse. Les formes de l'enfant prodigue ne sont pas celles d'un adolescent, elles expriment bien la virilité. Les draperies sont solidement jetées, mais dépourvues de légèreté et de souplesse. Ce qui manque surtout à M. Gumery, c'est un peu plus de flexibilité dans le maniement du ciseau. Peut-être le reproche s'adresse-t-il

---

[1] Premier grand prix de Rome (scupture), 1847.
[2] Premier grand prix de Rome (sculpture), 1850.

moins à l'artiste qu'à son praticien, mais en tout cas nous le croyons assez fondé pour que M. Gumery ne dédaigne pas d'y avoir égard.

Les travaux importants de M. Guillaume [1] au Louvre l'ont sans doute empêché de produire en vue du Salon un ouvrage capital qui pût de nouveau attirer sur lui l'attention du public. Les modèles de ses bas-reliefs, destinés à la décoration de l'église Sainte-Clotilde sont purement dessinés, mais ne donnent pas toute la mesure de ses forces. Ses *Gracques* et son *Faucheur* n'étaient pas des œuvres ordinaires; ils faisaient foi d'un talent souple et vigoureux, rehaussé par une forte dose d'originalité. M. Guillaume est du petit nombre de ceux sur l'avenir desquels il n'y a pas lieu d'être inquiet.

M. Gruyère [2] a pensé qu'on pouvait, même après M. Duret, tenter l'essai d'un nouveau *Chactas*, et l'expérience n'a pas démenti son ambition. Son Chactas assis sur un tertre, en face d'une croix formée par deux branches de sureau qui indique le lieu de la sépulture d'Atala, est heureusement rassemblé, et modelé avec beaucoup de sûreté.

Le même éloge peut s'adresser, peut-être à un degré supérieur, au *Soldat mourant*, commencé jadis par Pradier et terminé par M. Lequesne [3] d'après une es-

[1] Premier grand prix de Rome (sculpture), 1845.
[2] Premier grand prix de Rome (sculpture), 1839.
[3] Premier grand prix de Rome (sculpture), 1844.

quisse complète du maître. Ces sujets austères, qui exigent une connaissance approfondie de l'antique, n'étaient pas les plus familiers à Pradier, mais on pouvait être sûr d'avance qu'il avait trop de bon sens, de goût et de tact pour en faire une étude académique du genre de l'*Ajax, fils d'Oïlée, menaçant les dieux,* de M. Bogino. Le soldat frappé d'un coup mortel est tombé sur son bouclier; le corps entièrement nu est admirablement musclé sans que les reliefs anatomiques aient rien d'exagéré; le bras tendu vers le ciel n'est nullement théâtral et ne sort pas de l'enveloppe imaginaire qui doit rassembler les différentes parties d'une œuvre essentiellement plastique.

M. Jules Thomas[1] a exposé un grand bas-relief en plâtre représentant un soldat spartiate dont le cadavre inerte est rapporté à sa mère. Cette composition, d'un aspect un peu rude, est traitée avec trop de sévérité pour plaire à la foule, qui se portera toujours de préférence vers les sujets gracieux. C'est cependant une étude fort remarquable et qui mérite d'être distinguée. Malheureusement les bas-reliefs intéressent en général assez peu, et le plâtre ne leur est pas favorable. Exécutée en marbre, l'œuvre n'en serait sans doute pas meilleure, mais elle séduirait davantage les demi-connaisseurs.

L'*Hébé,* de feu Rude, soit dit sans faire tort à la

[1] Premier grand prix de Rome (sculpture), 1848.

mémoire de ce grand artiste, est une œuvre à moitié réussie, où il y a autant à critiquer qu'à louer,

> Une beauté fraîche, jeune, ingénue,
> S'appelle Hébé,

a dit quelque part Voltaire. Celle de Rude brille surtout par la fraîcheur et la jeunesse. Cependant son corps, d'une gracilité extrême, est trop finement développé pour qu'il soit facile de déterminer rigoureusement son âge. Un tel amincissement dans toutes les formes féminines n'est ni naturel ni d'une convention agréable. On trouverait à peine dans toute l'antiquité une seule statue qui manquât à ce point d'ampleur et de maturité. L'auteur du *Départ* était assez fort, ce semble, pour ne pas chercher le joli au détriment du beau.

Du reste, toute l'habitude du corps est d'un galbe parfait; tous les contours en sont caressés avec une exquise pureté, mais cette pureté même n'est pas exempte de recherche. Il y a trop de détail et pas assez d'expression dans la figure de la jeune déesse : mieux vaudrait un peu plus de physionomie et un peu moins de finesse. Quant aux bras, peut-être s'apercevrait-on moins de leur rapport anguleux avec le torse s'ils étaient moins sveltes et moins déliés. En somme, la composition n'est pas agencée avec assez d'harmonie, et l'auteur a sans doute été le premier à en sentir le vice musical, car il a placé derrière Hébé l'aigle de Jupiter qui rassemble habilement, par le développement de ses ailes, toutes les parties qui s'échappent du centre. Ce détail, nul en apparence, contribue aussi puissamment à donner plus d'étoffe à l'ensemble, et à empêcher l'œil d'être choqué par la maigreur des lignes du corps. Les ficelles sont plus rares dans la statuaire que dans la peinture, mais elles sont plus faciles à découvrir.

Nous avons plus insisté sur les défauts que sur les qualités de cette fameuse *Hébé*, parce que le nom de Rude nous autorisait à être plus exigeant envers lui qu'envers tout autre. Un mérite que nous devons constater dans son œuvre, c'est le don qu'il avait de faire palpiter le marbre, et de lui donner une apparence de vie qui faisait oublier bien des fautes. Cette qualité se retrouve accompagnée des mêmes défauts, plus habilement dissimulés, dans l'*Amour dominateur*. M. Rude n'a pas rompu avec la tradition en nous montrant ce *petit tyran*, dont le nom est synonyme de beauté, doué d'un corps si délicat et si frêle qu'une chiquenaude suffirait pour le renverser. Son *Amour* n'est pas un gros joufflu qui sort de nourrice, c'est un fier bambino de quinze ans qui serait bientôt un homme s'il n'était déjà un dieu. La ténuité de ses membres ne déplaît pas, parce qu'elle est en rapport avec l'âge qu'il porte sur sa figure et surtout parce que les lignes anguleuses y sont évitées avec le plus grand scrupule. Il n'y a pas plus de savoir-faire dans l'*Amour dominateur* que dans *Hébé*, mais il y a plus de goût.

Le Christ en croix est tout à fait mauvais. Ce n'est pas la tête du Sauveur, c'est celle d'un noyé qu'on n'a pas pu sauver.

La *Tragédie,* de M. Duret, a le tort de ressembler beaucoup à celle de M. Clésinger, et de ne pas lui être supérieure. Elle est assurément aussi bien drapée, mais elle est moins vivante. Il eût mieux valu, après tout, prendre, comme MM. Clésinger et Amaury-Duval, la tête de Rachel pour type de la tragédie, qu'une figure grimaçante empruntée aux têtes d'expression de Lebrun. La *Comédie* vaut beaucoup mieux; elle a plus d'originalité et de noblesse réelle. Elle est, comme sa sœur, superbement drapée, et n'est pas de celles qui vont se prostituer en compagnie d'Arlequin et de Colombine. Elle tient même à la main la verge vengeresse, emblème du *Castigat ridendo mores,* auquel personne ne croit plus. L'ensemble est très-gracieux, le visage souriant est d'un caractère élevé, et le bras qui tient le masque est d'une beauté ravissante. — Ces deux statues, promises depuis longtemps, sont destinées à orner le péristyle du Théâtre-Français. Reste à savoir l'effet qu'elles feront auprès du *Voltaire* de Houdon.

Il y a longtemps que M. Aimé Millet a du talent, mais il n'y a guère qu'un mois qu'on s'en est aperçu. M. Millet n'avait exposé jusqu'ici que des bustes et des statuettes d'une importance secondaire. Son *Ariane* révèle un maître; c'est le morceau le plus complet de l'exposition de sculpture. C'est un ouvrage très-consciencieux et modelé avec une abondance qui n'exclut pas la délicatesse.

> Sur l'absence de son Thésée,
> Qui l'abandonnait dans Naxos,
> Ariane désabusée
> Faisait retentir les échos.

Tout en faisant retentir les échos, l'héroïne de M. Millet garde dans sa douleur une dignité que n'a pas assez scrupuleusement conservée celle de Béranger, pour pouvoir espérer de passer à la postérité. Accoudée sur un rocher, elle pleure son infidèle dans une pose où il y a plus d'abandon que de mollesse. Elle forme a elle seule un groupe harmonieux d'une beauté solide, qui convient mieux à la sculpture que les contours effilés de l'*Hébé* de Rude. Le visage est plutôt un type moderne qu'une reproduction de l'idéal grec, mais il a assez de noblesse pour pouvoir se passer de l'antique, et il exprime bien ce désespoir modéré dont la sculpture doit savoir se contenter, sous peine de perdre l'équilibre de ses forces. Les membres, le torse et le sein ont une ampleur vigoureuse et souple qui n'offre pas, comme cela arrive trop souvent, un contraste pénible avec la finesse des attaches. Peut-être pourrait-on trouver les mains trop fluettes, et trop molles quelques inflexions des lignes du dos, mais les taches, s'il y en a, disparaissent dans l'ensemble.

M. Daumas, qui semble hésiter entre l'Académie qui se dit grecque et les marbres antiques qui le sont apparemment davantage, a abordé un sujet neuf, à la vérité, par le personnage qu'il met en scène, mais difficile à traiter d'une façon nouvelle et surtout difficile à comprendre sans le secours du livret. Peu de personnes savent qu'Aurélia Victorina, princesse gauloise, a remporté plusieurs victoires sur les Romains, et les gens qui s'intéressent à elle sont encore plus rares. Aussi M. Daumas a-t-il été obligé pour se faire comprendre de lui mettre dans la main gauche une couronne qu'elle indique de la droite, geste un peu théâtral, dont le spectateur n'est que médiocrement satisfait. Les vêtements de la Bradamante gauloise sont drapés avec une élégance et une noblesse semi-classiques qui s'accommoderaient volontiers d'un peu plus de légèreté. La rudesse n'est pas une qualité indispensable de la force.

La *Psyché* de M. Calmels, presque aussi séduisante que l'*Hébé* de Rude, et non moins évidée, est tellement dégagée des formes féminines qu'avec quelques modifications de rigueur, on la prendrait aisément pour un Olympien encore imberbe. En cela, les Grecs sont un peu complices de M. Calmels. Il y a dans leur Panthéon plastique tel Apollon et telle Diane qui pourraient au besoin changer de rôle, n'étaient les attributs distinctifs de leur sexe. C'est ainsi que, sous prétexte d'idéaliser en ramenant les deux natures à un modèle unique, ils ont engendré les hermaphrodites, création équivoque qui n'est pas une justification complète de leurs mœurs.

Nous connaissions déjà le buste en bronze de *Henri IV* par M. Arnaud. Quelle que soit sa destination, ce buste se fera toujours remarquer par un cachet de distinction qui n'ôte rien à la bonhomie proverbiale du Béarnais. Le talent de M. Arnaud a plus d'ampleur et d'énergie qu'il n'en faut pour mener à bien les travaux importants qui lui ont été récemment commandés pour la décoration du pont de l'Alma. Nous regrettons de n'avoir pas trouvé la statue qu'il intitule *le Printemps*. *L'Automne* a pour type une tête de bacchante couronnée de pampres, qui développe, en se renversant en arrière, une gorge d'une opulence qui ferait honneur à Rubens.

Parmi les ouvrages sérieux, le *Faune jouant avec une panthère*, de M. Becquet, qui n'est pas sans analogie avec *l'Enfance de Bacchus*, de M. Perraud, la *Chaste Suzanne*, de M. Haguenin, et la *Terpsichore*, de M. Malknecht, tiennent encore au Salon une place honorable, mais après eux il ne reste pas grand'chose à citer. Les demi-talents qui ont conscience de leur faiblesse s'abandonnent volontiers à la sculpture de genre, qui aurait paru impossible à une autre époque, et qui, par une tendance déplorable, fait tous les jours de nouveaux progrès.

Le Printemps des amours, de M. Steenackers,

élève de Bartholini, exécuté en marbre d'une pureté irréprochable, est le chef-d'œuvre du gracieux. Il est symbolisé par une jeune fille aux contours caressés avec une délicatesse suave, aux mouvements arrondis et voluptueux, dont les yeux languissants sont fixés sur deux colombes qui se becquètent. La pensée est presque nulle, mais l'exécution est charmante.

Malgré ce titre un peu ambitieux : *La Pensée et l'Instinct*, l'intention n'est pas non plus bien profonde dans l'œuvre de M. Grabouski, mais l'exécution vient encore ici au secours de l'idée. Un magnifique terreneuve pose pour l'Instinct à côté d'une jeune paysanne qui s'étonne avec raison de personnifier la Pensée. Cette allégorie naïve a permis à M. Grabouski de nous montrer une petite bergerette accorte et avenante, dont le corsage et la jupe sont dessinés avec une grâce et une aisance qui manquent souvent aux plis majestueux des draperies classiques. M. Grabouski s'est contenté longtemps du rôle modeste de praticien ; il a maintenant assez d'acquis pour être à lui seul un artiste.

La sculpture de genre a rarement produit quelque chose d'aussi ridicule que la *Belle de nuit* de M. Bonnaffé. On peut exprimer la légèreté avec du marbre comme avec un pinceau, mais il n'y a qu'en peinture qu'on ait le droit d'être vaporeux. La tunique qui doit cacher aux regards indiscrets les beautés nocturnes de la nymphe, sous prétexte d'être diaphane, est collée au corps de manière à ne faire que quelques maigres plis, semblables à ceux d'une chemise mouillée. Le mouvement du corps est en outre extrêmement disgracieux. Ce n'est pas une nymphe, ce n'est pas une femme, c'est une poupée qui ne ploie qu'aux articulations.

La *Jeune fille endormie*, de M. Moreau, est d'un excellent élève de Pradier. Le mouvement est bon, le corps est souple, les chairs sont fermes et les lignes sont harmonieuses. Cette charmante statue gagnerait à être exécutée dans de plus grandes dimensions.

La *Chute des feuilles* de M. Schroder est un ouvrage remarquable, dont l'abus de la draperie empêche de voir toutes les qualités. Bien que le sujet soit singulièrement choisi, il subit dans l'exécution une transformation qui est tout à son avantage. Il n'en est pas de même de la *Première Sensation* de M. Sobre. Quelle sensation peut bien éprouver une jeune fille assise sur ses jambes, qui a la main posée sur son ventre? L'amour ou la colique? Il serait bon qu'il n'y eût pas de doute sur ce point.

Il faut que l'amour du grand et du beau ne soit guère vivace chez certains artistes pour qu'ils croient qu'on peut impunément appliquer à la statuaire les procédés et les tendances des petits peintres de genre de l'école sentimentale ou de l'école néo-grecque. L'*Art étrusque* de M. Simyan semble avoir été modelé d'après un dessin de M. Isambert. L'exécution n'en est pas mauvaise, mais à quoi bon ce pastiche d'une forme puérile et usée? La *Jeune fille donnant à manger à de petits poussins*, par M. Truphème, pourrait faire un tableau de genre passable, mais qui croira que le carrare puisse jamais se contenter de si peu?

S'il n'était déjà si fastidieux de se promener soi-même à travers une interminable rangée de bustes, nous tenterions volontiers ce voyage en compagnie du lecteur bénévole. Mais toute longanimité a ses bornes. Outre le retour forcé d'un certain nombre d'expressions consacrées et d'adjectifs plus ou moins malsonnants qui se présentent à chaque instant sous la plume, il faut avouer que le sujet n'est pas par lui-même assez varié pour solliciter une attention soutenue. Nous devons cependant signaler à ceux qui voudront bien hasarder ce laborieux pèlerinage les portraits qui nous ont le plus vivement frappé.

Ceux qu'ont exposés la plupart des artistes dont nous avons parlé, et particulièrement MM. Aimé Millet, Jules Thomas, Gumery, Perraud et Lequesne, se recommandent assez par eux-mêmes pour que nous ne soumettions pas de nouveau leurs auteurs aux arrêts de notre critique.

Les deux bustes de femme, de M. Cavelier, sont traités avec cette maëstrie charmante et ce goût éprouvé que l'auteur de *Pénélope* apporte dans ses moindres ouvrages. Il est de ceux qui excellent à traduire en marbre toutes les exquises délicatesses du masque féminin. Le portrait de madame B... a plus de caractère que de finesse cherchée; celui de madame L. R... offre dans un visage excessivement spirituel une physionomie aussi complète, aussi expressive, aussi intime que celui de madame L... peint par M. Hippolyte Flandrin. L'artiste et le modèle ont eu lieu d'être satisfaits l'un de l'autre.

La série ethnographique des bustes de M. Cordier forme une galerie très-curieuse et d'une variété originale qui doit, il faut bien le dire, une partie de son succès à l'emploi singulier de différents marbres et de différents métaux. M. Cordier, qui a étudié avec tant d'ardeur l'angle facial de toutes les races exotiques, n'est pas à beaucoup près aussi puissant dans ses portraits d'Européens, qui ne présentent rien de particulier à la curiosité du public. — M. Étex, l'auteur du fameux *Caïn*, saisit facilement à la volée le caractère d'une physionomie; malheureusement il se contente toujours d'indiquer. Ses ébauches sont brillantes, mais elles ont trop besoin d'être dégrossies. Ce second travail accompli, que resterait-il? c'est ce que nous ne pouvons pas deviner.

Les bustes de M. Oliva et particulièrement celui de monseigneur Gerbet sont pleins de vie et d'expression; ceux de MM. de Nieuwerkerke, Dantan et Élias Robert ont beaucoup d'élégance et de distinction; le portrait de S. M. l'Impératrice, par M. Pollet, est peut-être satiné avec plus de coquetterie que le marbre n'en comporte, mais l'ensemble de la physionomie est heureusement exprimé. Nous en passons, et des meilleurs, ou tout au moins de bons, mais nos lecteurs ne nous feront pas un crime d'être moins complet que le livret.

Nous n'avons pour nous consoler de l'absence de M. Barye que le *Lion* de M. Jacquemart, qui est presqu'aussi énergiquement coulé en bronze que les modèles du maître. Outre cette abstention regrettable d'un artiste pour le talent duquel nous avons toujours eu la plus franche sympathie, il nous faut encore constater celle de M. Préault.

M. Préault veut être, nous dit-on, le Delacroix de la sculpture. L'intention est peut-être bonne, mais il faudra voir. La *Clémence Isaure* du jardin du Luxembourg est cachée sous une trop rude écorce pour qu'on puisse savoir au juste ce qu'il y a dessous. L'auteur n'a sans doute pas la prétention d'ériger l'incorrect en article de foi. Ses nombreux amis de la grande et de la petite presse lui ont déjà fait la réputation d'un homme d'esprit : voilà qui est bon. L'esprit ne gâte rien, mais les amis sont quelquefois imprudents. Voudrait-on nous faire croire qu'en n'exposant pas, M. Préault a donné au public une nouvelle preuve de son esprit?

XIII

L'ARCHITECTURE MODERNE.

L'art architectonique est de tous les arts le plus étroitement lié aux nécessités de la vie humaine. Né du besoin commun à tous les hommes de chercher un refuge assuré contre les intempéries de l'air, il est partout le premier en date, et partout où l'art est venu à défaillir, il a trouvé dans l'architecture son dernier représentant. Associé dès sa naissance aux nécessités sociales les plus diverses, il s'est fait l'interprète de tous les besoins et a suivi leurs modifications dans sa course à travers les âges, depuis les temps les plus reculés jusqu'à nos jours. C'est ce qui explique le peu de succès qu'ont obtenu, le peu de sympathie qu'ont recueilli les architectes, qui, comme Fontaine et Percier, ont essayé pendant les dernières années du xviiie siècle de faire revivre l'architecture qui avait sa raison d'être au temps de Vitruve et d'Auguste. Pendant près de vingt ans, l'école de la réaction architectonique réussit, à l'instar de David, à imposer le style dit *impérial* à la France et à l'Europe. Aujourd'hui, tous les monuments classiques les plus servilement et les plus complétement empruntés à l'antiquité se trouvent, par la loi éternelle et fatale du progrès, honnis et méprisés. Les artistes ont compris que copier n'était nullement créer, que tout plagiat, quel qu'il fût, devait être banni honteusement du domaine de l'art, et que notre époque ayant sa vie, ses mœurs et son individualité propres, devait avoir une architecture nationale qui ne fût pas plus la bâtarde du Parthénon que des ruines de Pestum ou de Possidonia.

Partout où des croyances nouvelles surgissent, l'art architectonique, en conservant ses bases éternelles, se transforme et se rajeunit. Dans les temples grecs, encore pleins des souvenirs païens, le christianisme est dépaysé. Le fétichisme asiatique avait eu les pagodes de l'Inde et de l'Yucapan; l'Égypte ses hypogées, ses obélisques et ses pyramides; le pagnanisme grec et romain eut ses temples : toutes ces rénovations étaient naturelles et logiques.

Quand le monde chrétien eut conquis le droit d'ensevelir ses martyrs ailleurs que dans les ténèbres de ses catacombes, et de célébrer à la face du ciel les mystères solennels de son culte, l'art byzantin se leva.

Entre l'art architectonique chrétien et l'architecture romaine, il y a tout l'espace qui sépare le monde ancien du monde moderne. Si la scission n'est pas absolue et radicale, c'est qu'entre une civilisation morte et une civilisation régnante, il y a toujours un point de contact. L'architecture byzantine est à l'architecture romaine ce que la langue française est à la langue latine. L'architecture ogivale ou gothique n'en fut que le développement et le perfectionnement.

Au temps de saint Louis, le style gothique, déjà presque universellement adopté en France, en Allemagne et en Angleterre, était dans toute sa fleur et réalisait aussi complétement que possible l'idéal architectonique tel que nous aimons à le concevoir. En effet, l'art gothique, particulièrement expressif, n'est nullement entravé par les règles abstraites de simplicité, d'unité et d'harmonie qui arrêtaient impérieusement l'essor de l'architecture grecque et romaine. Poétiser est son but unique. Ses créations les plus bizarres sont autant de symphonies admirables sur un thème éternellement varié où les mélodies les plus diverses se réunissent, s'appellent, se rassemblent pour former un hymne à la louange de Dieu. Les règles fondamentales n'y sont point éludées, elle ne sont qu'habilement dissimulées, de manière à contribuer puissamment à la beauté de l'ensemble. C'est là que, sans effort apparent, sans combinaison puérile et préméditée, l'unité se trouve dans la variété. C'est là que les conceptions les plus hardies se réalisent comme par miracle sous la main des pieux artistes du moyen-âge ; là, que le sentiment qui les inspire se poursuit sans gêne et sans fatigue au travers d'un prodigieux assemblage de détails incohérents dont pas un ne détonne ; là, que le spectateur émerveillé embrasse d'un seul coup d'œil un poëme gigantesque, écrit dans une langue que le vulgaire ignore et que les artistes de tous les pays savent comprendre.

Pendant bien longtemps, cette langue merveilleuse cessa d'avoir cours. Au xvie siècle, les artistes étrangers, appelés à la cour de France par la munificence de François Ier, imposèrent aux nôtres le type de la renaissance italienne. Diverses circonstances favorisèrent cette introduction et cette intronisation d'un style étranger dans la construction de nos édifices religieux. D'abord il plut par sa nouveauté, qui devait d'autant plus attirer sur lui les regards, que le style gothique, malheureusement exagéré à mesure qu'il prenait plus de consistance, avait beaucoup perdu de sa grandeur et de sa simplicité primitives. Il eut, en outre, le mérite de l'utilité, car il convenait mieux que le genre ogival aux monuments civils, qui devenaient tous les jours plus importants. Pour ces derniers, la nature du style avait moins de portée, mais pour les églises, elle était capitale, car elle changeait non-seulement l'apparence extérieure, mais le plan intérieur réglé par les exigences du culte. Toutefois, comme la question du beau doit seule nous occuper ici, nous n'examinerons pas davantage ce côté, d'ailleurs très-intéressant, de notre sujet.

Ce qu'il nous importe de constater, c'est qu'au point de vue même de l'art, la renaissance italienne, adoptée avec tant d'empressement au xvie siècle, vint détrôner un genre de style que le culte catholique s'était assimilé, et dont l'élévation était en parfaite harmonie avec la sienne. Les monuments de la renaissance, d'un style si mesquin en comparaison de la beauté du style ogival, ne tardèrent pas, du reste, à perdre le peu de simplicité qui faisait leur seul mérite : prétentieux et maniérés au xviie siècle, ils devinrent d'une exagération si boursouflée et si ridicule au xviiie, qu'ils justifièrent bientôt la nouvelle réaction tentée, vers 1797, par les restaurateurs de l'art antique.

Ce faux art antique, dont l'école romantique nous a si heureusement débarrassés, n'a pas perdu tous ses partisans. Dernièrement encore, un célèbre archéologue de l'école classique entreprenait de démontrer à ses auditeurs que l'art gothique était un art éphémère, né de l'ignorance et de la barbarie, qui avait fait son temps et ne devait pas être continué. Selon lui, l'architecture ogivale n'est ni essentiellement religieuse ni nationale. Nous répondons à M. Beulé que cette architecture est religieuse, puisqu'elle est le développement adopté par l'Église de l'art byzantin, né avec le christianisme; qu'elle s'associe mieux qu'aucune autre à son caractère et à ses besoins, et que le christianisme, ayant répudié l'art romain dans son principe, n'a nul intérêt à se l'approprier aujourd'hui. En outre, elle est nationale, c'est-à-dire née sur le sol français, ce qui est surabondamment prouvé par le témoignage des archives et toutes les dates dûment vérifiées de la construction de nos vieilles cathédrales. Si l'arc en ogive s'est rencontré en Orient et même dans l'antiquité avant de se produire en France, ce n'est que comme accident et non comme type. Quant aux Allemands, qui ont voulu aussi le revendiquer, sur la foi de M. Boisorée, il y a longtemps qu'ils ne font plus montre de leurs prétentions. Ce second point est, du reste, tout à fait accessoire ; car, que l'arc en tiers-point soit ou non français, peu importe à la religion catholique, qui est européenne et n'a que faire d'une vaine question de nationalité.

Nous croyons donc que le style ogival est le style religieux par excellence, et que seul il doit être employé encore de nos jours à la construction des édifices catholiques Que si une religion nouvelle vient à se produire, alors, mais seulement alors, nous comprendrons la nécessité d'une nouvelle forme architecturale en rapport avec ses tendances, et qui assurément devra moins que toute autre être une imitation ou même une dérivation de l'antique. D'ici là, la forme adoptée au moyen âge nous paraîtra toujours la seule bonne. Imiter le moyen âge ou imiter l'antique, c'est toujours imiter, nous dit-on. Nullement. Le style gothique diffère essentiellement du style grec, en ce que, par sa nature, il laisse le champ entièrement libre à l'inspiration individuelle de chaque artiste. Les cathédrales gothiques dont le sol de la France est couvert ne se ressemblent pas plus qu'un homme ne ressemble à son voisin, et nous sommes loin de conseiller à nos architectes de copier les plus belles qui se puissent trouver. Tout ce que nous demandons, c'est que, les étudiant avec le même soin scrupuleux qu'on a apporté si longtemps à l'étude de l'antique, et se pénétrant à fond de leur caractère et de leur esprit, ils arrivent à créer une architecture nouvelle, fille avouée de l'architecture ogivale, et qui soit au gothique ce que le gothique était lui-même au byzantin. Telle est, en attendant une rénovation complète dont l'heure est loin d'avoir sonné, la physionomie que nous espérons voir se développer bientôt dans le type architectural moderne.

Nous aurions voulu pouvoir appuyer les idées que nous émettons par de nombreux exemples tirés des œuvres exposées dans la galerie réservée à l'architecture; malheureusement nous sommes forcé d'avouer que la matière n'est pas assez riche pour justifier un long et minutieux examen. Cette galerie, peu fréquentée des visiteurs, contient à peine cinq ou six projets originaux. La plupart de nos architectes sont maintenant des archéologues très-savants, qui connaissent à fond l'art monumental égyptien, hindou, chinois, mauresque, aztèque ou polynésien, mais en théorie comme en pratique, ils ne se hasardent pas volontiers à produire quelque chose de nouveau. Rien ne montre mieux le vide de l'enseignement actuel dans cette branche de l'art, que cette faculté accordée à tous les architectes d'exposer en place de créations personnelles, non-seulement des projets de restauration, mais même de simples copies des monuments anciens ou modernes. Dans toutes ces reproductions très-habiles, du reste, de temples ou d'églises, de thermes ou d'abbayes, il n'y a rien qui appartienne en propre à l'artiste dont le nom est inscrit au catalogue. Sans doute, la plupart de ces œuvres sont très-intéressantes à consulter, mais, encore une fois, ce n'est pas ici leur véritable place.

Nous admettons plus volontiers, bien que la création et l'individualité artiste n'aient rien à y avoir, la restauration, devenue presque partout nécessaire, des édifices du moyen âge. L'extrême simplicité des monuments grecs, bâtis d'ailleurs sous un ciel clément, garantissait leur durée, mais il n'en pouvait pas être de même de l'art gothique. Ceux qui refusent la science aux fondateurs du style ogival ignorent sans doute quels prodiges d'équilibre il leur a fallu réaliser pour contre-balancer l'énorme poussée horizontale de la voûte sur les murs de soutien, force encore décuplée par le poids des tours et des clochers dont ils sont surchargés. Joignez à cela l'emploi ordinaire de matériaux de mauvaise qualité et la rigueur de notre climat, et vous ne songerez plus à vous étonner que tant de réparations soient devenues urgentes. Le zèle éclairé qu'on y apporte aujourd'hui est en tout point digne d'éloges. Jadis on n'hésitait pas à remplacer par un portique grec un portail qui menaçait ruine ; aujourd'hui, à quelque école qu'on appartienne, on s'attache surtout à restituer aux édifices délabrés leur style et leur caractère propre. C'est ce qu'ont fait avec beaucoup de tact et d'habileté M. Delacour, dans son projet de restauration de l'abbaye de Bonneval, ordre de Citeaux; M. Lejeune, pour l'achèvement du château impérial de Saverne, et M. Alphonse Durand pour la restauration de la cathédrale de Langres et des églises Notre-Dame de Vernon (Eure), du Grand-Andelys (Eure), et de Mantes. Cependant, pour ce dernier monument, il nous semble que le travail de M. Durand a moins de légèreté et d'originalité que le dessin primitif. Le portail de la tour à gauche de la façade principale, qui était plein de détails charmants, a été maladroitement supprimé. C'est une faute. Que ce portail ait été ajouté postérieurement à la construction originaire de l'édifice, peu importe; il suffisait que la base fondamentale du style n'en fût pas altérée. Aucun des édifices du moyen âge n'a été bâti d'un seul coup, et toutes les additions postérieures jusqu'à la renaissance, quand elles ne sont pas choquantes, doivent être respectées.

M. Viollet-le-Duc, auteur du *Dictionnaire de l'architecture gothique*, et M. Lassus, auteur de la nouvelle flèche de la Sainte-Chapelle, occupés tous deux à la restauration de Notre-Dame de Paris, n'ont pas exposé de projets. Le seul reproche que nous ferons à ceux de nos architectes qui ont bien voulu envoyer leurs productions originales est d'avoir suivi trop à la lettre les données du moyen âge. L'art monumental moderne doit être pour les édifices religieux la continuation et le développement, mais non la reproduction intègre du style gothique. Or, le cachet moderne n'est peut-être pas assez indiqué dans les œuvres, du reste très-remarquables, de MM. de Curte, Leblan, Charles et Emile Dussillon et Morey. A part cela, nous n'avons que des éloges à donner au caractère vraiment grandiose et à la beauté réelle des édifices projetés. Les vues perspectives, les plans géométraux et les coupes longitudinales et transversales, dessinées avec une grande perfection, permettent d'en étudier les détails avec beaucoup plus d'intérêt et de fruit que nous ne pourrions le faire dans une analyse raisonnée.

Le seul édifice religieux qui nous ait paru avoir un caractère tranché et indépendant est le projet d'église sous le vocable de la Passion, de MM. François et Lucien Douillard, et, malgré notre désir de rénovation, nous sommes forcé d'avouer qu'il est loin d'être satisfaisant. L'élévation principale nous montre une porte romane étroite, flanquée de deux tours massives et surmontée d'un fronton triangulaire, sur lequel plane lourdement la coupole élevée au-dessus du chœur. Du côté du chevet, l'abside a l'aspect obèse d'un vieux burg allemand, retranché dans son épaisseur toute primitive. Les deux coupes nous offrent un intérieur plus franchement byzantin et qui ne manquerait pas d'une certaine grandeur, s'il n'était déjà écrasé sur le papier par la richesse exagérée des peintures et des dorures de toute espèce, comme cela a lieu dans la plupart des basiliques bavaroises et russes.

Cet essai encore informe, mais susceptible d'être perfectionné, nous rappelle un autre projet bien plus important et d'un caractère bien plus moderne, que nous regrettons de ne pas trouver au Salon de 1857. La forme architecturale à voussures imbriquées et à nervures butantes, proposée par M. Boileau, présentait assez de garanties pour mériter un encouragement sérieux. Outre la nouveauté des formes, il avait pour avantages directs, d'une part, une économie notable dans la construction, en supprimant à l'intérieur tous les murs pleins et les arcs-boutants au dehors, et de l'autre, une grande solidité obtenue au moyen de la neutralisation respective des diverses poussées. De plus, la relation entre les parties intérieure et extérieure de l'édifice projeté était de nature à pouvoir être considérée comme une sorte de repoussé offrant en concave au dedans ce qui était convexe au dehors, relation suffisante pour caractériser un style nouveau. On sent qu'il nous est impossible d'exposer ici dans tous ses détails un système d'architecture complet dans son ensemble, différant radicalement de ce que tout le monde connaît, et qui d'ailleurs ne figure pas parmi les œuvres exposées. Notre intention était uniquement de le rappeler à l'attention de ceux de nos lecteurs qui ont déjà pu en prendre connaissance.

Nous ne passerons pas sous silence, dans ce trop rapide aperçu, un élément entièrement nouveau des constructions modernes, qui paraît appelé à rendre des services immenses à l'art architectonique; nous parlons de l'introduction de la fonte dans l'ossature intérieure, rendue possible par les progrès de la science métallurgique. On a beaucoup parlé des difficultés et des dangers pratiques résultant de la dilatation et de la contraction de la fonte. Bien que le maximum de dilatation ne soit guère que d'un millième, il y avait là, en effet, un péril sérieux si la fonte devait adhérer à la pierre de taille. Mais l'emploi de la fonte à l'intérieur seulement, c'est-à-dire à l'abri des variations de l'atmosphère, les deux matières restant indépendantes l'une de l'autre, rend ce prétendu péril entièrement chimérique. C'est ce que l'expérience a déjà suffisamment démontré dans les principales gares de chemin de fer, à la bibliothèque Sainte-Geneviève, et dans les halles centrales de Paris.

On objecte encore, au point de vue purement esthétique, que si une tige de fer a autant de solidité réelle qu'un pilier en pierres de taille, elle n'a pas cette solidité apparente que l'œil réclame impérieusement en faveur de l'harmonie d'un édifice. Il ne s'agit pour répondre à cette nouvelle objection que de mettre toutes les parties de la construction en rapport avec la ténuité de la fonte, ce qui sera toujours facile et sans danger aucun, puisque, dans l'ensemble, la force pourra désormais suppléer à la masse.

A ce sujet, tous les praticiens pourront examiner avec intérêt les dessins des halles centrales de Paris, pour le présent et pour l'avenir, exposés par M. Victor Baltard. Ils se divisent en deux projets : « L'un en conservant et adaptant à l'usage de certaines denrées qui demandent plus d'ombre et de fraîcheur, le système de quatre ou de huit pavillons en pierre et fer; l'autre, tout en fer et en fonte, conformément au corps principal récemment exécuté. » Nos lecteurs y verront ce que les halles, qui étaient autrefois d'affreuses masures et des foyers perpétuels de pestilence, gagnent à ce système nouveau en élégance et en salubrité.

A l'égard des monuments civils et des maisons particulières qui surgissent du sol à mesure que le marteau des démolisseurs accomplit sa tâche, il est bien entendu que nous ne prétendons pas leur appliquer ce que nous avons dit de la continuation et de la rénovation du style gothique, en parlant des édifices religieux. La forme qui convient le mieux à ces sortes de constructions est évidemment celle qui donne la distribution intérieure la plus commode et la plus ménagère d'espace, et qui, en même temps, les rallie par un plan uniforme extérieur au système de bâtisse généralement adopté. (Voir le projet d'un nouvel hôtel pour l'installation des Caisses d'amortissement, par M. Godebœuf.) Tout le perfectionnement qu'on peut leur demander consiste dans l'économie du dedans et dans l'uniformité du dehors.

Mais c'est principalement dans les édifices consacrés au culte que le progrès est appelé à se manifester. C'est par eux que notre époque imprimera à l'art monumental son cachet caractéristique et individuel. Et quand nous disons notre époque, nous ne parlons pas uniquement en ce moment de la seconde moitié du XIXe siècle ; car l'architecture est de tous les arts le plus long à se renouveler, et les siècles qui ont précédé sont loin d'avoir eu chacun leur style propre. Si les essais tentés récemment dans la construction de plusieurs églises de Paris, et dans l'achèvement du vieux Louvre, ne sont pas de nature à nous satisfaire pleinement, cela n'a pas lieu de nous surprendre. L'essor de la pensée individuelle de nos jeunes architectes a été si longtemps comprimé par le style impérial, après avoir été cruellement faussé par la première et la seconde renaissance, que les tâtonnements seront sans doute encore longs avant d'arriver à la réalisation d'un type nouveau qui, selon nous, ne doit pas être une rupture complète avec le passé. Quel que puisse être pour l'avenir le résultat du sentiment chrétien, joint à la connaissance des effets particuliers à l'art moderne, gardons-nous de porter à l'avance un jugement téméraire. Bornons-nous à constater avec M. Vitet que l'art ne s'est jamais produit deux fois sous une forme identique, sous peine de n'être plus que du métier, et ajoutons avec lui : « Honneur à ceux qui, même aujourd'hui, ne désespèrent pas d'inventer une architecture nouvelle, une combinaison de lignes et un système d'ornementation qui n'appartiennent qu'à notre époque, et qui en perpétuent le souvenir. »

CONCLUSION.

L'ART NOUVEAU.

Pendant la première moitié du XIXe siècle, l'art moderne a en vain cherché sa formule. Deux tendances entièrement différentes, basées sur le culte exclusif de la ligne et sur le culte exclusif de la couleur, se sont disputé le terrain et ont obtenu un égal succès. Pour qui tenons-nous aujourd'hui, pour Ingres ou pour Delacroix? A vrai dire, l'intérêt que nous leur portons est déjà plutôt une curiosité rétrospective qu'une admiration sympathique en faveur de l'un ou de l'autre. Les acclamations passionnées qui les ont soutenus, eux, leurs partisans et leurs dissidents, aux beaux jours du romantisme, se sont éteintes, et, dans ce calme plat qui a succédé à la tempête, la critique peut à loisir compter les morts, honorer ou blâmer les vivants, et décerner à chacun des deux chefs les ovations qui leur sont dues.

Rien ne dispose à l'impartialité comme le temps. Plus on s'éloigne des cloches, moins on est influencé par le son. A voir les choses d'un point de vue élevé, il est clair qu'il y a du bon dans tous les systèmes. Ceux qui ont pris parti pour Ingres ou pour Delacroix étaient également dans le vrai, car la vérité n'est, à proprement parler, qu'un côté particulier des objets. La vérité est du côté de celui qui nous plaît, le mensonge du côté de celui qui ne sympathise pas avec nous. Un des résultats les plus évidents de la lutte des classiques et des romantiques a été de nous faire apprécier la justesse de ce proverbe espagnol, qui eût été du goût de Michel Montaigne :

> De las cosas mas seguras,
> La mas segura es dudar.

Pendant les quarante ans qu'a duré la lutte, on a tâté de tout, et on est arrivé à aimer tout, à douter de tout et à ne s'étonner de rien. L'art, durant cette période brillante, n'a pas eu de formule, parce que l'éclectisme n'en est pas une. C'est l'ensemble de tous les systèmes, ou, si l'on veut, l'indifférence à l'état de système. L'éclectisme consiste à voir les choses non par un microcosme individuel, mais par le microcosme de chacun. Ceci admis, quelques esprits chagrins veulent en tirer la conséquence que, puisque tout a été essayé, tout est épuisé. Nullement. Le demi-siècle qui a précédé a été une époque d'étude et de transition. Notre conviction bien sincère est que les siècles ont leur expérience comme les individus, et que c'est à nous qu'il appartiendra de récolter ce que nos devanciers ont semé.

Ce n'est que quand tous les matériaux sont assemblés et que les plans sont suffisamment étudiés que l'on peut commencer à bâtir. Aujourd'hui que toutes les routes sont suffisamment explorées, que nous avons conscience de nos forces, il est temps de nous mettre en marche. Il faut nécessairement qu'après un si long labeur, un si pénible enfantement, toutes les croyances se réunissent sous un même drapeau. Il faut que l'école française, si forte par la réunion de tant d'éléments hétérogènes, devienne plus forte encore par son unité. Le commencement du siècle nous a donné l'analyse, la fin nous donnera la synthèse. C'est là qu'est véritablement le progrès.

Plus d'une fois, dans le courant de ce présent volume, nous avons eu l'occasion de faire observer que ce qu'on appelle la grande peinture cède visiblement le terrain à la peinture de genre et au paysage. Cette remarque est assez significative pour qu'il soit nécessaire de la réitérer avant de conclure. D'aucuns s'en autoriseront pour dire que l'art en souffre, que l'art se meurt, que l'art est mort : il serait plus simple et plus juste de dire qu'il se renouvelle.

La grande peinture ou la peinture d'histoire n'existe guère aujourd'hui que par la convention. Dans l'*Apothéose d'Homère*, dans le *Massacre de Scio*, dans l'*Orgie romaine,* nous trouvons trois genres de convention entièrement distincts et qui n'ont entre eux d'autre rapport que l'absence complète de réalité. Or le naturalisme qui fait tous les jours de nouveaux progrès, doit nécessairement se montrer l'ennemi juré de toute convention et du genre de peinture le plus conventionnel qui soit.

Outre ce mode de convention, qui est dans le dessin, dans la couleur, et jusque dans les attitudes, la peinture d'histoire, telle qu'on l'entend encore aujourd'hui, a un autre vice qui la rend également insupportable : elle est infectée d'archaïsme. Il semble qu'il soit admis tacitement qu'un sujet contemporain avec ses accessoires obligés de types et de costumes modernes soit inabordable pour la peinture d'histoire[1]. — Or, la peinture moderne veut désormais être essentiellement *moderne*, et, en attendant que ses forces lui permettent de s'imposer en cette qualité au genre historique qui la repousse obstinément, elle cultive de plus en plus les scènes d'intérieur et les paysages, à qui l'on veut bien ne pas faire un crime d'être sincères.

Sans vouloir trop préjuger de l'avenir, nous croyons que le moment est venu pour l'école française d'uti-

---

[1] Excepté la peinture de bataille, genre faux et impossible.

liser tout ce qu'elle a acquis d'expérience, de force vitale et de poésie nouvelle depuis la mort de David. Toutes ces richesses accumulées depuis longues années, et pour ainsi dire sans but, il faut bien l'avouer, vont enfin trouver leur destination. En les employant à la représentation de l'époque actuelle, les jeunes artistes qui se sont déjà lancés dans cette voie, et tous ceux qui les suivront, auront un jour la gloire d'avoir enfin découvert cette fameuse formule dont leurs maîtres n'ont pu que préparer la venue : le NATURALISME.

Tel est, selon nous, le signe distinctif, l'élément caractéristique et seul véritablement original qui distinguera l'école française actuelle des écoles du temps passé, et qui peut-être l'élèvera au-dessus de toutes les autres. C'est par la convention érigée à l'état de système que les maîtres de l'école romantique, opérant en divers sens, ont été grands ou faux, selon que le public les a adoptés ou reniés ; c'est par l'absence aussi radicale que possible de toute convention qu'après mille tâtonnements et mille tiraillements, l'art moderne, devenu adulte, et régénéré par le naturalisme qui le complétera, pourra devenir l'art universel. Ce nouveau système infiniment plus large que tous les autres, et qui tend déjà à exercer son influence tant sur la littérature que sur les arts, a pour résultat direct de substituer aux momies classiques pétrifiées par le temps l'homme de nos jours avec ses idées, son costume et ses mœurs, et d'être ainsi l'image exacte de la civilisation moderne, ce qui a toujours été dans la destinée de la poésie et des arts.

On nous parle de la tradition. Que nous importe la tradition? Sommes-nous Grecs ou Romains, ou simplement Français? Quoi! toujours la tradition et jamais la nature, la réalité, la vie! De grâce, si vous aimez les Grecs, si les Romains vous sont chers, étudiez leur histoire, mais ne la refaites pas à notre profit. Si la Renaissance vous charme, amusez-vous quelque temps avec elle, mais si vous voulez devenir artiste, rappelez-vous que c'est surtout en fait d'art que la science consiste à savoir oublier à propos. La tradition est un mot qui n'a jamais résonné aux oreilles de Phidias. Les Grecs ont eu leur art, où leur vie et leur histoire sont aussi bien écrites que de la main de Thucydide et de Xénophon. L'art égyptien ne leur a pas plus servi de modèle qu'aux Égyptiens l'art indou. Au xviiie siècle, il y a eu aussi de prétendus peintres d'histoire qui ont voulu faire de l'antiquité. Le plus habile de tous ne va pas à la cheville d'un petit peintre de genre qui s'appelait Watteau.

Il est souverainement ridicule et puéril de supposer quelque chose d'absolu, de providentiel, de fatal dans une quelconque des manifestations partielles et accidentelles de l'art. C'est le condamner à rester éternellement stationnaire, c'est l'immobiliser, et par conséquent nier son existence et son efficacité, d'admettre en sa faveur une sorte de révélation, car de la révélation il ne peut résulter qu'une perfection absolue aussi incompatible avec l'art qu'avec la nature humaine. C'est nier le progrès qui peut exister même à l'état latent, quitte à se manifester plus tard. Quand un homme est parvenu au terme de son existence, il ne s'agit plus de prolonger une vie dont tous les ressorts sont usés, c'est à sa postérité qu'est commis le soin de le faire revivre.

Soyez persuadés que si l'histoire a sa philosophie pour la commenter et en révéler l'ordre indispensable et logique, il en est de même de l'art. Toutes les transformations de l'âme humaine ont leurs destinées. Tous les types créés et adoptés sont les manifestations nécessaires, la traduction vivante et irréfutable de l'esprit d'un peuple. Tous se rapportent à un certain ordre d'idées qui avaient besoin de se vulgariser. L'art est un miroir intelligent où les tendances d'une nation viennent tour à tour se refléter. Otez la cause, l'effet doit cesser. Tandis que toutes les sociétés humaines, poussées par une fatalité irrésistible, poursuivent à travers les âges le progrès, but idéal et invisible, l'art, compagnon de leur fortune, doit être là, toujours prêt à s'associer à leurs hasards pour conserver à la postérité l'image fidèle et transparente de leurs succès et de leurs revers.

Telle a été, n'en doutons pas, à toutes les époques, la noble mission de l'art. Méfiez-vous de la routine philosophique, qui persiste à enseigner que le beau à sa source dans un principe immuable, duquel il n'est pas permis à l'artiste et au poëte de se départir. Tous ceux qui ont cherché la définition du beau ailleurs que dans un rapport sympathique entre l'âme individuelle et l'objet mis en contact avec elle ne sont jamais parvenus à s'entendre, parce que tous ont voulu généraliser ce qui, par nature, est nécessairement individuel. L'absolu n'est vrai qu'en abstraction. C'est dans l'application que se dévoile le vice originel de tous les systèmes généralisateurs. Or, entre l'individu existant et le type qui a cessé d'exister, le rapport sympathique ne se produit que par analogie : il n'est véritablement complet qu'entre l'être vivant et le fait contemporain qui a avec lui une vie identique et commune. C'est en cela que le jugement du beau se distingue du sentiment du beau, avec qui l'on n'est que trop porté à le confondre. Nous comprenons la beauté antique, nous ne la sentons pas, ou nous ne la sentons qu'imparfaitement, par les rapports plus ou moins vagues et lointains qu'elle a pu conserver avec nous.

Donc, malheur à l'artiste qui croit, dans son orgueil, pouvoir s'isoler impunément du mouvement universel. En vain, athlète audacieux, espère-t-il, à force de génie, lutter seul, dans son admiration rétrospective, contre le courant des idées. Ses forces, quelles qu'elles soient, ne tarderont pas à le trahir. Après une vie de combats, d'angoisses, d'amertumes, le torrent l'entraînera comme tant d'autres, et il ne lui restera, après tant de labeurs stériles, que le regret d'une existence consumée à une lutte démesurée, comme celle de Jacob contre l'ange. Essayez de mettre une digue à l'Océan ! Une nuit de tempête détruira d'un seul coup l'ouvrage de tout un siècle. David, ce colosse abattu qu'insulte aujourd'hui un peuple de pygmées, eut ce bonheur unique de s'imposer un jour à toute l'Europe; c'était le temps des dominations fabuleuses. David crut que l'empire fondé par lui était désormais impérissable. Un jour vint où le flot des idées, trop longtemps comprimé par une oppression tyrannique, éclata librement, et de toute cette école orgueilleuse il ne resta bientôt plus qu'un souvenir.

Si l'art grec, qu'on essaie encore aujourd'hui de nous donner comme le type de la perfection artistique, a fini, lui aussi, par succomber, il n'en faut pas chercher la cause autre part que dans ce besoin impérieux de transformation, qui est de l'essence même de l'art. Vouloir fixer un type, c'est le condamner d'avance à une mort certaine. Le monde marche, et, dans sa course haletante, il n'a pas le temps de se retourner du côté de ceux qui, ayant cru trouver une oasis, ont eu la pensée de planter leur tente en arrière. Ahasvérus, ce marcheur éternel, est le symbole fictif de l'humanité tout entière. En vain la caravane humaine, épuisée par ce pèlerinage incessant à travers les sables du désert, veut-elle s'arrêter : Marche ! marche ! crie une voix qui est en elle. Vous croyez qu'elle va défaillir, elle se redresse; son imagination lui présente le mirage sans cesse renaissant de pays inexplorés et d'horizons inconnus, toujours nouveaux. Et déjà cette vue a ranimé son courage, et de nouveau la voilà qui s'élance à travers ce labyrinthe de l'avenir, dont le terme est inconnu et dont le fil n'est visible qu'à l'œil de Celui qui est.

Où vont-ils? nul ne le sait. D'où viennent-ils? on ne le saura jamais. En vain, penchés sur le sol, nous interrogeons d'un œil avide l'empreinte récente que leurs pas ont marquée sur le sable. Il est une limite où le regard découragé ne distingue plus rien; le vent en a emporté les traces. Toutefois il nous en reste assez pour nous instruire et nous encourager, et grâce à cette sublime empreinte que l'art nous a conservée, nous savons désormais vers quel pôle il faudra diriger nos pas.

Constatons, pour terminer, que, bien que le mouvement que nous indiquons ne soit pas encore suffisamment caractérisé, le Salon de 1857 ne peut manquer d'être le point de départ d'une ère nouvelle. Quel que soit le sort des idées que nous avons émises, il n'est que trop certain que la tradition aura toujours ses courtisans officieux et serviles, auxquels les applaudissements aveugles ou intéressés ne feront pas défaut. Mais ceux-là ne seront jamais les véritables créateurs aux yeux de la postérité. Répétons-le, c'est en se faisant l'écho de nos tendances, en devenant purement et exclusivement contemporain, que l'art du xixe siècle aura son individualité, et c'est dans le naturalisme qu'il trouvera sa formule ; non pas dans le naturalisme matériel et grossier qu'on a déjà flétri sous le nom de réalisme, mais dans le naturalisme intelligent et sincère, vainqueur du préjugé et de la routine.

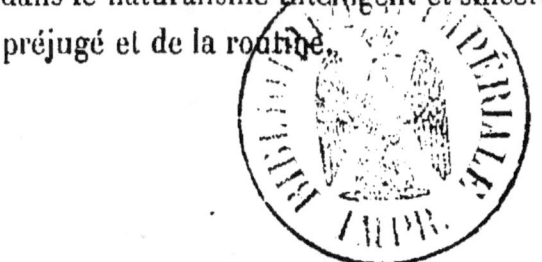

TABLE

I. La Peinture d'Histoire : MM. Bouguereau et Baudry. 1

II. La Peinture d'Histoire (suite). *L'Ecole du Style :* MM. Léon Benouville, Cabanel, Barrias, Gustave Boulanger. 5

III. La Peinture d'Histoire (suite). *Les Indépendants :* MM. Robert Fleury, Gérome, Jalabert, Landelle, Louis Roux, Mazerolle, Carlier, Matout, Mathonat, Dévéria, Sieurac, Baader, Galimard, etc. — M. Maréchal, de Metz. 29

IV. La Peinture Religieuse : MM. Leveau, Timbal, Jobbé-David, G. Richter, Ch. Gislain, Vignon, Dulong, Petit, etc. 39

V. La Peinture de Batailles : M. Gustave Doré. 49

VI. La Peinture de Batailles (suite) : MM. Yvon, Pils, Protais, Andrieux, Hersent, Armand Dumarescq, Horace Vernet, Bellangé, Gigoux, etc — *Peinture officielle :* MM. Muller, Dubufe, Antigna, Lazerges, etc. 63

VII. Portraits : MM. P. Baudry, H. Flandrin, Benouville, Landelle, Amaury-Duval, Ricard, Madame O'Connel, MM. Winterhalter, Dubufe, etc. 77

VIII. La Peinture de Genre : *Genre historique :* M. Comte. — *Ethnographie :* MM. Gérome, Valerio, Fromentin, etc. — *Genre :* MM. de Curzon, Landelle, Chaplin, Millet, Hébert, Geffroy, Besson, Nanteuil, Marchal, Luminais, Frère, etc. — *Les Néo-Grecs :* MM. Hamon, Glaize, etc. — *Les infiniment petits :* MM. Meissonier, Plassan, Chavet, Fauvelet, Vetter, etc. 94

IX. Les Étrangers : MM. Hockert, Larson (Suède), Henneberg, Knaus, Ittenbach (Allemagne), Verlat, Joseph et Alfred Stevens, Willems, Hamman, Van Schendel, etc. (Belgique), Hermann-ten-Kate, Heilbuth (Pays-Bas), etc. 109

X. Le Réalisme : M. Courbet et M. Biard. 121

XI. Paysages, Animaux, Marines, Fleurs. *Académistes et Naturalistes :* MM. Desgoffe, Paul Flandrin, Corot, Th. Rousseau, Daubigny, G. Doré, Français, Hédoin, Veyrassat, Jules Noël, Guillaume, Chintreuil, Flers, Aivasovski, Larson, Jadin, X. de Cock, Palizzi, Ph. Rousseau, Monginot, Saint-Jean, etc. 129

XII. Sculpture : MM. Perraud, Gumery, Guillaume, Gruyère, Lequesne, Jules Thomas, Daumas, Rude, Duret, Aimé Millet, Calmels, Steenackers, Grabouski, Schroder, Jules Cavelier, Cordier, Etex, Oliva. *Absents :* MM. Barye et Préault. 147

XIII. L'Architecture moderne. 163

Conclusion. — L'Art nouveau. 179

PARIS. — IMPRIMÉ CHEZ BONAVENTURE ET DUCESSOIS,
55, quai des Grands-Augustins.